AQUISIÇÃO 360°

Uma Nova Visão Sobre os
Processos de Fusão e Aquisição

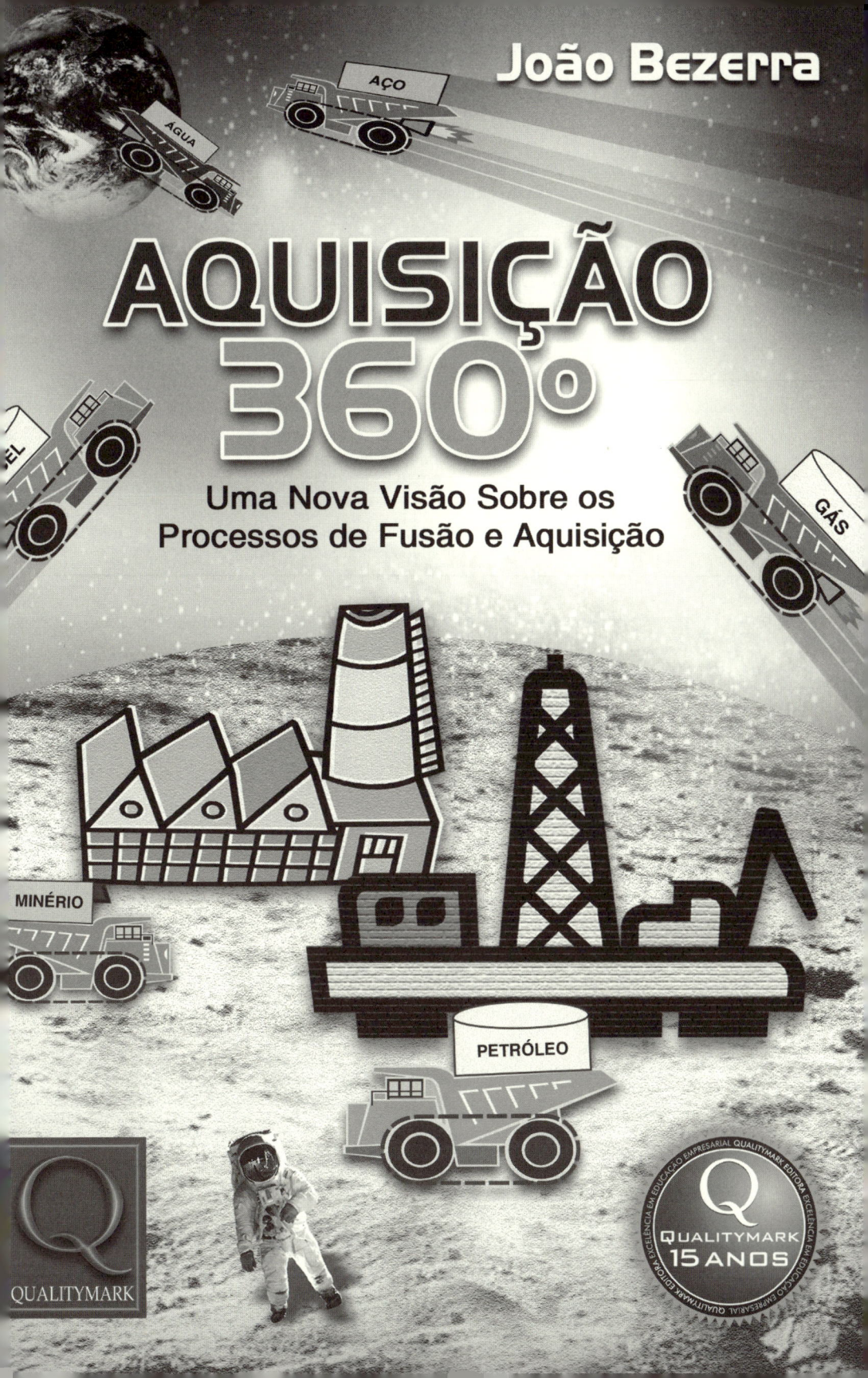

AQUISIÇÃO 360°

Uma Nova Visão Sobre os Processos de Fusão e Aquisição

João Bezerra

QUALYMARK

QUALITYMARK 15 ANOS

Copyright© 2005 by João Bezerra

Todos os direitos desta edição reservados à Qualitymark Editora Ltda.
É proibida a duplicação ou reprodução deste volume, ou parte do mesmo,
sob qualquer meio, sem autorização expressa da Editora.

Direção Editorial SAIDUL RAHMAN MAHOMED editor@qualitymark.com.br	Produção Editorial EQUIPE QUALITYMARK
Capa WILSON COTRIM	Editoração Eletrônica MS EDITORAÇÃO

Crédito da idéia da capa a:
Guilherme Barreto Bezerra de Souza

CIP-Brasil. Catalogação-na-fonte
Sindicato Nacional dos Editores de Livro, RJ

B469a
    Bezerra, João

        Aquisição 360° : uma nova visão sob os processos de fusão e aquisição / João Bezerra — Rio de Janeiro : Qualitymark, 2005
        128p. :

    Inclui bibliografia

        1. Empresas — Fusão e incorporação. 2. Empresas — Compra.
I. Título.

05-0095   CDD 658.16
                                                                                                                                    CDU 658.016

2005
IMPRESSO NO BRASIL

Qualitymark Editora Ltda. Rua Teixeira Júnior, 441 São Cristóvão 20921-400 – Rio de Janeiro – RJ Tel.: (0XX21) 3860-8422	Fax: (0XX21) 3860-8424 www.qualitymark.com.br E-Mail: quality@qualitymark.com.br QualityPhone: 0800-263311

Dedicatória

Em memória de minha mãe
Lucila Ferreira Bezerra de Souza

Agradecimentos

Agradeço a todos os meus dirigentes na Petrobras e, em especial, a Luís Carlos Costamilan e Alberto da Fonseca Guimarães, que em momentos distintos, me confiaram a condução de operações de magnitude para a consecução dos objetivos estratégicos da companhia.

Agradeço também a todos os coordenadores das equipes, aqui representados por Maria Alice Deschamps e Adelson Antônio da Silva, que desempenharam papéis fundamentais durante a implementação dos projetos; e a todos aqueles que deram sua contribuição e apoio na realização das operações que tive a oportunidade de conduzir.

Agradeço, portanto, a todos os colegas da Petrobras, em todos os níveis hierárquicos, e também a todos os advogados, representantes do banco de investimentos e consultores.

Citar nominalmente todas as pessoas que contribuíram resultaria numa lista de algumas centenas de verdadeiros heróis e, ainda assim, poderia cometer uma injustiça ao esquecer algum nome. O que me conforta é o fato de saber que quem contribuiu tem noção exata do quanto contribuiu e o quão fundamental foi ou está sendo a sua contribuição.

Quero também registrar o respeito e a admiração aos negociadores que foram minha contraparte no desenvolvimento das operações que gerenciei, com os quais aprendi muito, destacando-se a forma como defendiam firmemente os interesses de suas organizações mantendo o respeito e a ética durante todo o processo.

Há mais um grupo de pessoas ao qual estendo meus agradecimentos: trata-se dos amigos e familiares que tiveram a paciência de ler e comentar as primeiras versões deste trabalho.

Sendo assim, obrigado a todos.

Prefácio

O caminho das pedras – passos fundamentais num processo de aquisição:

> *"A aquisição de uma empresa é semelhante a uma corrida num labirinto."*

Com essa frase, o autor sintetiza o processo de compra de uma companhia com um jogo de metáforas absolutamente preciso. Inspirado na operação realizada pela Petrobras no exterior, João Bezerra comenta sobre todas as etapas do trabalho de negociação, desde a prospecção de oportunidades até o pós-fechamento da operação.

A parte inicial do livro revê os principais pontos para a formação de uma equipe técnica, com destaque para a coordenação e a divisão dos trabalhos, seja no cumprimento das atividades de planejamento, seja na concretização do negócio.

Também é muito interessante a maneira como é abordada a importância da harmonia e da constante integração das equipes para conquistar o objetivo com sucesso.

Na etapa final, o autor ressalta um ingrediente indispensável no esforço para a incorporação da nova empresa: a humildade. Essa característica – fundamental principalmente após o fechamento do negócio – possibilita atuar com foco nos interesses do novo empreendimento, respeitando a cultura da organização incorporada. Também permite a absorção das melhores práticas e oportunidades existentes, processo que muitas vezes gera aprendizados inestimáveis.

Todos esses fatores, abordados de uma forma conjugada, consolidam um instrumento extremamente útil a qualquer profissional que, mesmo não estando frente a uma situação de aquisição, é obrigado a ter novos aprendizados, úteis no seu dia-a-dia. Mais do que uma abordagem teórica, a obra traz uma visão pragmática sobre o processo de expansão das empresas.

Jorge Gerdau Johannpeter
Presidente do Grupo Gerdau

Contextualização

O relato aqui apresentado se baseia na experiência do autor na condução de operações de aquisição de controle de empresas de capital aberto e troca de ativos, envolvendo operações em vários países. Embora tenham sido experiências envolvendo corporações de grande porte, os temas e conceitos que são apresentados, em certa medida, se aplicam a qualquer tipo de processo que envolva negociação.

Na realidade, esse trabalho reflete o desempenho de inúmeras pessoas, dirigentes, gerentes e profissionais, em diferentes frentes, para vencer os desafios apresentados durante as operações conduzidas pelo autor e que foram implementadas e concluídas com sucesso.

São operações de magnitude e complexidade, ricas pela diversidade de situações e lições. Como condutor dessas operações, posso afirmar que aprendi muito e que, por isso, me sinto na "obrigação" de compartilhar as minhas percepções sobre o tema. E, com isso, dar uma panorâmica de 360° sobre todas as fases de uma operação de aquisição.

Experiências como essas demonstram a importância de alguns aspectos humanos como liderança, determinação, empenho, fôlego, espírito de equipe, visão estratégica, empreendedorismo, ousadia e, em muitas ocasiões, uma boa dose de teimosia para "nadar contra a maré" e apostar nas próprias convicções quando se vislumbra a possibilidade de concretizar uma boa oportunidade de negócio.

Embora os conceitos, comentários e casos, aqui apresentados, estejam focados na atividade de desenvolvimento de negócios, entendo que esse material também pode ser útil para os profissionais e executivos das grandes corporações, à medida que muitas das situações descritas certamente estão presentes no exercício de suas atividades, independentemente das suas áreas de atuação.

A panorâmica de 360° é apresentada em quatro partes. A Parte I – "O Processo de Aquisição" – começa com uma história que, no meu entender, reflete bem o significado de valor numa transação. Em seguida, é feito um "sobrevôo" pelas várias etapas do processo de aquisição, possibilitando uma visão geral do mesmo. A proposta é estabelecer uma abordagem sistêmica que facilite a compreensão do processo e, em seguida, apresentar os "DO's" (o que se deve fazer) & "DONT'S" (o que não se deve fazer) de cada etapa.

Na Parte II – "Os Atores do Processo" –, são destacados e detalhados alguns aspectos relacionados às pessoas e corporações (atores) que, em geral, exercem uma grande influência na condução de projetos com certo grau de complexidade nas organizações. Entremeando alguns destes aspectos, são apresentados casos e citações, com o propósito de ilustrar e ajudar a compreender o ambiente e as situações que podem ocorrer durante a implementação de um processo de aquisição.

A Parte III – "Materialização da Operação" – destaca os processos de investigação e análise do objeto da operação (*due diligence*) que possibilitam avaliar o nível de aderência estratégica e valor econômico da aquisição proposta. Além disso, são apresentados alguns aspectos relacionados à definição da estrutura societária para a aquisição, formas de pagamento, proteções cambial e contábil, que são relevantes em operações desta natureza.

A Parte IV – "Guia Rápido para uma Aquisição" – faz um sumário do que foi apresentado nas partes anteriores, destacando alguns fatores críticos e perguntas-chave para orientar a estruturação e condução de uma operação de aquisição. Ou seja, que ela aconteça no prazo previsto, dentro dos melhores padrões jurídicos e condições econômicas e financeiras mais favoráveis – incluindo-se aí todos os mecanismos de proteção e mitigação de riscos e garantias para remedição de passivos. E, além disso, dentro de um ambiente no qual as pessoas, mesmo trabalhando dobrado, se sintam motivadas e compartilhem o mesmo objetivo, que é o de subsidiar adequadamente a Alta Administração na tomada de decisão relativa ao processo de aquisição. Fechando a panorâmica de 360°, são apresentadas as lições que, na minha visão, foram assimiladas durante os processos que serviram de inspiração para o desenvolvimento deste trabalho.

Embora o trabalho tenha sido desenvolvido sob a ótica do comprador, ele é igualmente útil e aplicável para o caso do vendedor. Nos conceitos e casos narrados aqui, o vendedor vai conhecer certos movimentos e estratégias do comprador e, a partir daí, definir sua forma de atuação e negociação.

É importante ressaltar que o conteúdo, bem como a seqüência apresentada, configura-se apenas como sugestão, e não como padrão a ser seguido. Logo, deve ser encarado como referência flexível, capaz de absorver as singularidades de cada processo.

Sumário

Parte I:	"Valor" em Uma Transação 3
O Processo de Aquisição	Visão Geral sobre o Processo de Aquisição 6

    1. *Busca de Oportunidades* 8
    2. *Escolha da Oportunidade* 9
    3. *Definição do Escopo do Projeto* 11
    4. *Contratação de Apoio Externo (Financeiro e Jurídico)* 12
    5. *Escolha da Equipe Básica* 14
    6. *Avaliação Preliminar* 15
    7. *Aproximação Inicial e Negociação Quanto ao Tipo de Negócio* 16
    8. *Visita ao* Data Room 18
    9. *Aprovação da Alta Administração para Submeter a Proposta Inicial e Assinatura de Uma Carta de Intenções ou Memorando de Entendimentos* 20
    10. Due Diligence 22
    11. *Negociação dos Termos Finais da Operação* 23
    12. *Aprovação Final* 24
    13. *Pré-fechamento* (Pree-closing) 26
    14. *Fechamento* (Closing) 28
    15. *Pós-fechamento* (Pos-closing) 29
        Interdependência entre as etapas 30

Parte II:	A Empresa como Agente da Aquisição	39
Os Atores do Processo	A Alta Administração	41
	A Postura dos Demais Executivos da Empresa	44
	As Equipes	49
	O Papel do Gerente do Projeto	54
	O Perfil do Gerente	55
	Atitudes, Posturas e Habilidades Relacionadas ao Gerente	56
	O Negociador e o Processo de Negociação	63
	Os Erros Mais Freqüentes do Gerente e do Negociador	67
	O Papel do Banco de Investimentos	70
	O Papel dos Advogados	73
Parte III:	O Processo de *Due Diligence*	78
Materialização da Operação	Organização para Realização do *Due Diligence*	83
	Estrutura Societária da Aquisição	86
	Formas de Pagamento	89
	Proteções Cambiais e Contábeis (*Hedges*)	92
	Hedge *Cambial*	92
	Hedge *Contábil*	93
	Negociação dos Termos Finais	94
	Construção do Contrato de Aquisição	96
Parte IV:	Fatores de Sucesso	103
Guia Rápido para uma Aquisição	Questões-chave	105
	As Lições do Processo	108

Parte I:
O Processo de Aquisição

"Valor" em Uma Transação
Visão Geral sobre o Processo de Aquisição
1. Busca de Oportunidades
2. Escolha da Oportunidade
3. Definição do Escopo do Projeto
4. Contratação de Apoio Externo (Financeiro e Jurídico)
5. Escolha da Equipe Básica
6. Avaliação Preliminar
7. Aproximação Inicial e Negociação Quanto ao Tipo de Negócio
8. Visita ao *Data Room*
9. Aprovação da Alta Administração para Submeter a Proposta Inicial e Assinatura de Uma Carta de Intenções ou Memorando de Entendimentos
10. *Due Diligence*
11. Negociação dos Termos Finais da Operação
12. Aprovação Final
13. Pré-fechamento (*Pree-closing*)
14. Fechamento (*Closing*)
15. Pós-fechamento (*Pos-closing*)
    Interdependência entre as etapas

"Valor" em Uma Transação

> "A Milion Dólar Dog"
>
> *Um certo dia, um homem caminhava pelo calçadão da praia quando encontrou um velho conhecido, que passeava com seu elegante cachorro dinamarquês, o Charles. Eles se cumprimentaram e o homem, impressionado, desandou a elogiar o cachorro. Num determinado momento, perguntou se o conhecido não queria vendê-lo. O dono olhou para seu fiel companheiro, que lambia placidamente uma das patas, e disse:*
>
> *– Está bem, para você eu vendo.*
>
> *O homem ficou surpreso com a resposta rápida e positiva.*
>
> *– E quanto vai custar? – perguntou ele, acariciando a cabeça do Charles, como se o cachorro já lhe pertencesse.*
>
> *– Ah, uma bobagem. Um milhão de dólares – respondeu o conhecido.*
>
> *O homem chegou a perder o fôlego, mas reagiu.*
>
> *– O quê??? Você só pode estar brincando... Não faz o menor sentido querer vender um cachorro por um milhão de dólares.*
>
> *– Bem, se não interessa, paciência. Até a próxima – disse o conhecido, já saindo com seu cachorro de um milhão de dólares.*
>
> *Passados alguns meses, os dois se cruzaram novamente no calçadão e se cumprimentaram cerimonio-*

samente. Mas, ao ver o conhecido com dois gatinhos no colo, o homem não resistiu, foi atrás dele e perguntou pelo Charles.

– Ah, eu vendi – respondeu o ex-dono do cachorro, com a maior naturalidade.

Surpreendido, e se sentindo traído, o homem interpelou o conhecido de forma quase grosseira:

– Vendeu? Como assim???

– Vendi. Por um milhão de dólares – respondeu o conhecido, como se estivesse falando uma banalidade.

O homem caiu na gargalhada e achou que estava sendo alvo de uma "pegadinha", ou algo do gênero.

– Ah, essa não! Só pode ser brincadeira. Qual é o trouxa que pagaria um milhão de dólares por um cachorro? Essa é muito boa... É a melhor piada que já ouvi...

O conhecido deixou o homem bufar, ironizar e, só então, o interrompeu, com a voz mansa e firme.

– Bem se vê que você não entende nada sobre o valor das coisas...

– Bem, eu nunca "orcei" um cachorro em um milhão de dólares – rebateu o homem, num tom de deboche.

– Mas digamos que você esteja falando a verdade. Com base em que você estipularia esse valor?

O conhecido ajeitou os gatinhos, que estavam começando a ficar impacientes com o sol forte, e prosseguiu, no mesmo tom firme e tranqüilo.

– É muito simples. Há uma semana eu estava passeando com o Charles aqui no calçadão e encontrei uma velha amiga, que estava dando banho de sol nos seus dois gatinhos. Eu gostei dos bichanos e perguntei se ela não queria vendê-los. Ela respondeu que

venderia, se eu vendesse meu cachorro para ela. Eu disse que sim e quis saber quanto ela queria por cada gatinho. Ela pediu apenas quinhentos mil dólares, por cada um. Eu respondi: negócio fechado! E agora me desculpe, que eu tenho que dar água para os meus gatinhos – despediu-se do conhecido, sem se importar com a expressão aparvalhada do outro.

(Adaptação de uma história de autor desconhecido)

Visão Geral sobre o Processo de Aquisição

O processo de aquisição é semelhante a uma corrida num labirinto, na qual cada competidor precisa encontrar a saída antes dos seus concorrentes. Ou seja, o condutor de uma operação de aquisição dispõe de muitas alternativas, mas tem que ter a capacidade de avaliar o ambiente e seus sinais antes de tomar qualquer decisão – e não se perder no labirinto. Cada mudança de direção ou sentido dentro deste labirinto pode significar um aumento de comprometimento com a implementação ou a saída da operação, ao mesmo tempo em que se ampliam as dificuldades para um recuo ou revisão nas decisões tomadas.

Ao iniciar o processo, a única certeza do condutor (negociador) é que será uma longa jornada e que não é possível prever o grau de dificuldade de cada etapa. Portanto, é fundamental que o negociador tenha a capacidade de marcar o seu caminho de volta, para que possa, se necessário, interromper ou reorientar a jornada, objetivando manter a operação ou minimizar as perdas para a empresa, no caso de não concretizá-la.

Resumindo: o negociador não pode perder de vista uma saída do labirinto. Ele tem que estabelecer suas rotas de fuga. Por isso, é fundamental que, antes de iniciar uma nova rodada de negociação ou etapa do processo, sejam estabelecidos os níveis de avanço e as possibilidades de saída.

O negociador não pode permitir que a outra parte crie uma situação de irreversibilidade da transação. Esta prerrogativa tem que ser sua, não da outra parte. Logo, ao construir sua estratégia de negociação, o negociador deve estruturá-la de forma a criar dificuldades de saída para a outra parte, visando à irreversibilidade da transação para o outro lado da mesa.

A prospecção da oportunidade de negócio, a estruturação do negócio e a sua consolidação são os grandes blocos de um processo de aquisição. Cada bloco, por sua vez, é composto por várias etapas que, embora não constituam um padrão, não variam muito de processo para processo. As variações que podem ocorrer entre processos de aquisição estão, em geral, associadas à seqüência e ao tempo de execução das etapas devido às implicações legais (restrições), regulamentos (órgãos reguladores), estatutos e acordos de acionistas aos quais as empresas estão submetidas.

A prospecção da oportunidade de negócio se caracteriza por:

1. Busca de oportunidades.
2. Escolha da oportunidade.

A estruturação do negócio se caracteriza por:

3. Definição do escopo do projeto.
4. Contratação de apoio externo (financeiro e jurídico).
5. Escolha da equipe básica.
6. Avaliação preliminar.
7. Aproximação inicial e negociação quanto ao tipo de negócio.
8. Visita ao *Data room*.
9. Aprovação da Alta Administração para submeter a proposta inicial e assinatura de uma Carta de Intenções ou Memorando de Entendimentos.
10. *Due diligence*.

A consolidação do negócio se caracteriza por:

11. Negociação dos termos finais da operação.
12. Aprovação final.
13. Pré-fechamento (*pree-closing*).
14. Fechamento (*closing*).
15. Pós-fechamento (*pos-closing*).

1. Busca de Oportunidades

Uma aquisição, quando bem-sucedida, é um acelerador para a implementação de objetivos estratégicos da empresa, se comparada à opção de crescer organicamente. Em geral, os processos de aquisição são motivados pela necessidade de superar os desafios ou constrangimentos impostos pelo ambiente de negócio, o que possibilita o reposicionamento da empresa no mercado. Assim sendo, as aquisições visam a ampliar a competitividade no mercado globalizado, superar as descontinuidades promovidas pelas mudanças bruscas na tecnologia, compensar perda de mercado, superar barreiras comerciais, aumentar base de mercado, diversificar riscos ou aumentar a velocidade de entrada em novos mercados.

As oportunidades são identificadas a partir da análise permanente do ambiente de negócio e movimento das empresas concorrentes. São também definidas a partir de ofertas feitas por bancos de investimentos e empresas de consultoria. Em alguns casos, a oportunidade é apresentada pelos controladores ou executivos da empresa-alvo potencial.

Do & Dont's Nesta Etapa:

1. Fale e discuta com o maior número de pessoas a respeito das estratégias da empresa, preservando os aspectos associados à confidencialidade. O objetivo é criar um senso comum sobre alternativas de como materializar ou implementar as estratégias. Isto ajudará no processo de identificação das oportunidades de negócios e no processo decisório relacionado à sua concretização.

2. Mantenha estreito relacionamento com o pessoal da estratégia corporativa e inteligência competitiva da sua empresa, a fim de manter-se atualizado quanto ao ambiente de negócio.

3. Use e amplie a sua rede de contatos junto a executivos do setor e pessoal associado ao desenvolvimento de negócios de outras empresas. Eles são excelentes fontes de informações na busca de oportunidades.

4. Persiga as oportunidades perseverantemente. Quem trabalha nesta área não deve se deixar abater pela postura de descrença ou oposição dos colegas de trabalho e membros da Alta Administração. No final, a organização não resistirá a um bom projeto.

5. Eduque-se para pensar "fora da caixa". Não tema sugerir idéias que só você acredita. Não limite sua reflexão ao seu segmento ou negócio de origem.

6. "Invente" oportunidades. O processo de análise das mesmas se encarregará de legitimá-las ou não.

7. Envolva pessoas de fora de seu negócio ou atividade no processo de identificação de oportunidades. Uma mente "descontaminada" ajudará a pensar fora da caixa.

2. Escolha da Oportunidade

É preciso acreditar nas oportunidades que aparecem e, com perseverança e determinação, avançar com suas análises mesmo que não exista um posicionamento claro da corporação quanto à validade ou aderência estratégica das oportunidades.

As oportunidades identificadas devem passar por uma análise preliminar de aderência estratégica e definição dos mapas de interesse das várias partes interessadas (internas e externas) no projeto, a fim de selecionar a oportunidade que "melhor" atende às expectativas da empresa e suas áreas de negócio.

Nesta etapa, a ênfase deve ser a construção de uma visão "única" da companhia sobre a oportunidade eleita como a provável para ser desenvolvida.

A elaboração do mapa de interesses das várias áreas de negócio da companhia é uma ferramenta poderosa na criação desta visão, à medida que contribui para a explicitação dos diferentes interesses e motivações associados à oportunidade, além de propiciar os insumos para o posterior tratamento dos interesses conflitantes.

A decisão de fazer ou não a aquisição é difícil e, normalmente, irá consolidar-se ao longo do processo. É fundamental respeitar o tempo e as dificuldades do processo decisório da empresa.

As razões para estas dificuldades ou conflitos são diversas, como, por exemplo, a falta de uma visão estratégica, o conflito de interesses decorrente de uma visão segmentada dos membros da Alta Administração e, o que é mais freqüente, a dúvida quanto à agregação de valor da aquisição por falta de conhecimento da empresa-alvo e de dúvidas quanto ao ambiente macroeconômico e regulatório no qual se insere a operação. Além disso, não se pode esquecer que o projeto de aquisição estará disputando recursos com outros projetos de aquisição ou de investimento de outra natureza.

Nesses casos, a solução é trabalhar o projeto nos níveis intermediários da organização, elaborando os mapas de interesses, considerando os cenários macroeconômicos e a forma de tratá-los, para que o processo avance. Esse avanço deve ser conduzido com o objetivo de ampliar o nível de conhecimento da empresa-alvo e consolidar a visão sobre o ambiente macroeconômico e regulatório, para que os conflitos e questões internas quanto à validade da oportunidade sejam superados.

Evidentemente que o sucesso da operação estará associado ao nível de patrocínio da Alta Administração; logo, não se deve poupar esforços para obter tal comprometimento.

Do & Dont's Nesta Etapa:

1. Analise o ambiente macroeconômico no qual se insere a operação e estabeleça os possíveis cenários que servirão de base para a avaliação econômica da operação.

2. Construa o mapa de interesses das áreas de negócio com o objetivo de facilitar a construção de uma visão única para o projeto. Parta do princípio de que todas as demandas, necessidades e expectativas são legítimas e devem ser consideradas nas análises.

3. Realce as complementaridades e sinergias com as operações atuais e a aderência estratégica.
4. Tenha perseverança e determinação no processo de validação da oportunidade de negócios.
5. Use mais os ouvidos que a boca – isso ajuda muito na "visualização" e delineamento de uma oportunidade de negócio.
6. Estimule permanentemente a reflexão estratégica, com o objetivo de validar a aderência de uma oportunidade, embora consciente de que o processo é difícil.
7. Não aguarde um posicionamento estratégico claro para prosseguir com a análise de uma oportunidade. É fundamental que o processo avance e que as informações sobre a oportunidade melhorem de forma a contribuir, inclusive, no processo de consolidação das estratégias (se for o caso).
8. Mantenha sigilo sobre as oportunidades (o segredo é a alma do negócio). Operação propalada não acontece. Deixe para festejar após o fechamento da operação.
9. Assegure um canal de acesso à Alta Administração, visando à identificação da melhor estratégia para aprovação da oportunidade.
10. Não crie ambiente de competição com as demais áreas da companhia. Se o projeto evoluir, estas áreas poderão ser vitais para o sucesso do negócio.

3. Definição do Escopo do Projeto

Projetos importantes e complexos, como os de aquisição, devem ser estruturados dentro de uma lógica capaz de lhes conferir robustez e permanência. Logo, projetos desta natureza devem ser concebidos e implementados a partir do conceito de equilíbrio e maximização de sinergias entre as várias partes interessadas (internas e externas). É um erro achar que, dentro do ambiente atual de negócios e responsabilidade social, é possível implementar um projeto que desconsidere o equilíbrio entre as demandas presentes e futuras das partes que podem ser afetadas, positiva ou negativamente, pelo mesmo.

Estruturar um projeto de aquisição com visão de sustentabilidade significa elaborar os mapas de interesse entre as várias partes interessadas e, a partir deles, identificar os mecanismos, as estruturas societárias, os acordos e as parcerias que assegurem o equilíbrio entre as várias demandas, capacidade de mitigar os riscos decorrentes do ambiente macroeconômico e regulatório e a maximização das sinergias.

Além de facilitar na identificação dos aspectos-chave para o sucesso do projeto, a definição dos mapas de interesse também é uma poderosa ferramenta na elaboração do planejamento das várias etapas do projeto e dos processos de negociação interno e externo.

Do & Dont's **Nesta Etapa:**

1. Considerando os cenários para o ambiente macroeconômico e regulatório, elabore o mapa de interesses das várias partes interessadas externas considerando a visão que foi construída junto às áreas de negócio da companhia. Este mapa ajuda na identificação do que contribui ou dificulta a implementação do projeto.

2. Embora com perseverança e determinação quanto à definição do escopo do projeto (compra de empresa, compra de ativos, forma de pagamento), considere as peculiaridades da sua organização. O escopo tende a se consolidar à medida que o projeto avança.

4. Contratação de Apoio Externo (Financeiro e Jurídico)

Caso já não estejam envolvidos no processo, é importante contar com a colaboração de um banco de investimentos e um time reduzido de advogados, antes de avançar para as próximas etapas. Trata-se de um processo complexo em que decisões tomadas no início podem ter repercussões muito fortes nas etapas finais. Para tanto, embora em número reduzido de participantes, é desejável dispor do suporte do banco e de advogados desde o primeiro contato com a outra parte, compartilhando as estratégias de atuação e construindo o processo a ser desenvolvido. Isto não significa, entretanto, que o banco e/ou os advogados tenham que estar necessariamente presentes em todas as reuniões com os representantes da outra parte.

Mais informações sobre banco de investimento e advogados serão apresentadas na Parte II.

Do & Dont's Nesta Etapa:

1. Gaste tempo definindo o escopo da contratação dos advogados e banco de investimentos. Isso requer experiência; logo, busque ajuda e inspiração em quem já fez algo semelhante, interna ou externamente.
2. Defina mecanismos de penalidade (redução no pagamento) para descumprimento do escopo.
3. No caso dos advogados, estabeleça um mecanismo para avaliar a efetividade das horas trabalhadas e, quando possível, estabeleça valores por serviços pré-definidos.
4. Defina uma rotina de relatórios periódicos.
5. Reserve tempo para avaliar conjuntamente a adequação do escopo do contrato ao longo do processo. Nunca deixe para o final.
6. Esteja preparado para rever o escopo da contratação durante o desenvolvimento do projeto. Mudanças de foco ou abrangência da operação são freqüentes em operações desta natureza.
7. No caso do banco, vincule o pagamento do *success fee* à capacidade de fechar o negócio pelo menor valor a ser pago. Esta lógica motivará o banco a identificar os argumentos (fatos e dados) para fundamentar a apresentação de uma proposta de menor valor.
8. No caso dos advogados, vincule o pagamento à qualidade e abrangência das garantias que o contrato final oferece ao negócio. Adote como parâmetro as conquistas em outros negócios da sua empresa ou exemplos de operações semelhantes.

9. Defina claramente os papéis dos representantes do banco e advogados na mesa de negociação e o tipo de relacionamento destes com a outra parte. As conversas ou intervenções não programadas são uma ótima fonte de geração de posições contraditórias que podem criar excelentes trunfos para a outra parte.

5. Escolha da Equipe Básica

Com a definição da oportunidade como um projeto potencial, é necessário definir a equipe que fará o seu aprofundamento. Os integrantes da equipe devem ser pessoas com credibilidade e experiência dentro da empresa, capazes de analisar o nível de aderência estratégica e as conseqüentes motivações para a aquisição; dispor de tempo para as crescentes demandas que o projeto vai exigir; e ter habilidades para coordenar os subgrupos que serão formados à medida que o projeto avançar. Os integrantes desta equipe devem ter origem nas áreas de negócio da empresa, correlatas aos principais negócios da empresa-alvo, além de pessoal das áreas financeira, contábil, tributária, meio ambiente e jurídica.

Embora possa haver um eventual prejuízo em deixar alguma área de negócio ou apoio fora do processo nesta fase, o número de integrantes desta equipe deve ficar entre seis e oito pessoas, incluindo o gerente do projeto e os representantes do banco ou consultoria, se for o caso. As razões são simples: garantia da confidencialidade; dedicação ao trabalho e objetividade nas análises; precaução quanto à incerteza e continuidade do processo; evitar desperdício de recursos e a interferência do projeto no dia-a-dia da empresa.

Do & Dont's Nesta Etapa:

1. Defina o mais cedo possível o grupo de pessoas que deverá ser envolvido na análise preliminar. Os membros deste grupo devem atuar como verdadeiros "cúmplices" durante todo o processo e, para tanto, devem conhecer todos os detalhes da operação.

2. Assegure, através de comprometimento pessoal, o sigilo no manuseio e na divulgação de informações.

3. Como gerente ou coordenador, não esqueça as questões humanas como reconhecimento, bem-estar da equipe, recursos de informática e administrativo, logística e integração da equipe.

Informações mais detalhadas sobre o tema na Parte II.

6. Avaliação Preliminar

O objetivo é fundamentar o alinhamento estratégico da oportunidade e elaborar um estudo que contemple uma análise preliminar de viabilidade econômica, com base em informações públicas e em outras trazidas pelo banco de investimentos.

Nesta etapa, é necessário ter avançado na análise do ambiente macroeconômico e regulatório, definição dos cenários que se acredita para o negócio e os riscos associados. A oportunidade deverá ser capaz de se mostrar robusta para o cenário mais desfavorável que se acredita ser possível de prevalecer.

Dentro de uma visão de desenvolvimento sustentável, na medida do possível, deve-se estruturar os modelos de avaliação considerando os efeitos positivos e negativos que cada parte interessada (interna ou externa) pode gerar no resultado econômico do projeto. Isso vai permitir a identificação do que fazer na busca do equilíbrio necessário ou, no mínimo, permitir um melhor gerenciamento das questões críticas.

Nesta fase do projeto, o acesso à informação é restrito. Na maioria dos casos, a empresa-alvo ainda não conhece as reais intenções dos possíveis interessados; logo, não se deve esperar profundidade e precisão do estudo. O fundamental nesta etapa é analisar a oportunidade sob a ótica do mercado e das transações semelhantes, além de estabelecer os cenários futuros nos quais a empresa estará inserida. Embora seja um estudo preliminar, seu registro é fundamental, pois servirá como referência para a evolução do processo.

Tudo pode mudar com relação a este estudo preliminar, mas o que não pode faltar é a fundamentação para justificar as mudanças. Este estudo é submetido à Alta Administração, que vai definir a conveniência de dar continuidade ou não ao processo, agora já considerado um projeto de aquisição.

Após a aprovação do projeto, será necessário elaborar um plano de ação e definir a estratégia para o processo de aquisição. Isso deve ser feito com dois princípios básicos: avançar sempre e deixar sempre uma rota de fuga ou saída do processo, de forma a minimizar os prejuízos econômicos e de imagem para a sua empresa.

Do & Dont's **Nesta Etapa:**

1. Durante a avaliação preliminar, registre a fonte dos dados. Haverá muitas mudanças quanto à qualidade e abrangência das informações e o grupo necessita estar pronto para justificar as variações que novos dados trazem para o valor do negócio.
2. Não abra mão da participação e do comprometimento do banco de investimentos.
3. É fundamental a elaboração dos cenários de referência.
4. Não queira esgotar o exercício de avaliação; este é apenas preliminar e deve ser apresentado como tal.

7. Aproximação Inicial e Negociação Quanto ao Tipo de Negócio

No primeiro contato com a outra parte, o objetivo é estabelecer o interesse mútuo em analisar a possibilidade de negócio. É nesta etapa que o "jogo", efetivamente, se inicia. É importante estar preparado para esta e as próximas reuniões, com objetivos e estratégias bem definidos. Lembre-se: o plano e a estratégia foram desenhados na fase anterior, que contempla os princípios de avanço e rota de fuga.

Já na primeira reunião, é importante apresentar as razões estratégicas que levam sua empresa a identificar a empresa-alvo como adequada para uma potencial aquisição. Demonstre ser o melhor candidato à aquisição. Por outro lado, é igualmente importante ser convincente, deixando claro para a outra parte que esta é apenas uma das oportunidades (mesmo que a oportunidade seja única) e que sua empresa tem outras alternativas para alcançar seus objetivos. As mensagens importantes, aqui, são: nunca desdenhe da proposta da outra parte e demonstre uma postura positiva quanto à possibilidade de realização da operação, por mais difícil ou impossível que possa parecer.

Dependendo do resultado desta primeira aproximação, será necessário assinar um acordo de confidencialidade que possibilite o avanço das negociações. É importante lembrar que qualquer documento que seja assinado pelas partes pode gerar compromissos que, por sua vez, podem tornar a operação irreversível. Logo, não esqueça de elaborar nestes documentos a sua rota de fuga.

O acordo firmado entre as partes deve ser assinado por todos os membros da equipe do projeto, com o objetivo de assegurar a confidencialidade dentro da empresa. Embora pareça uma atitude antipática, deve ser encarada como algo normal e inerente a esse tipo de operação. Esta iniciativa mostra-se como decisiva para o bom andamento do processo. Ou seja, o segredo é realmente a alma do negócio.

Reuniões subseqüentes devem ser promovidas com o objetivo de consolidar o entendimento das partes quanto ao objeto da transação e o tipo de transação que deverá ser implementada, além de outras questões que nortearão o processo, tais como: definição dos interlocutores, definição quanto à exclusividade, análise dos riscos regulatórios, questões relacionadas à renegociação de dívidas e expectativas de conclusão. Na medida do possível, as definições ou princípios estabelecidos nestas reuniões devem ser formalizados num acordo entre as partes.

De posse destas definições, as partes estão prontas para elaborar um cronograma das próximas etapas, que inclui a realização de um *data room* (sala de informações sobre a empresa-alvo), apresentação de proposta inicial, comprovação de habilitação para adquirir e vender, respectivamente, elaboração de carta de intenções, *due diligence* e proposta final, entre outras.

***Do & Dont's* Nesta Etapa:**

1. Defina claramente, no início das negociações com os representantes do vendedor, quais são os canais de acesso e os representantes autorizados a falar sobre o tema.

2. Valorize o objeto da operação e a relevância estratégica para o seu negócio, com o objetivo de atrair ou realçar o interesse da outra parte.

3. Mantenha sempre alguém no papel de observador nas reuniões com a outra parte (e explore sua percepção após a reunião).

4. Lembre-se de que todo e qualquer aspecto, gesto e/ou intenção devem ser capturados para estabelecer a estratégia futura da negociação.

5. Identifique sempre os seus trunfos e eduque-se para usá-los na hora adequada. Exemplo: coleta de contradições escritas ou faladas pela outra parte, informações sobre o que realmente tem valor para a outra parte, a premência de tempo, os compromissos financeiros e com fornecedores.

6. Desde o primeiro momento, deixe claro o que você não poderá fazer ou aceitar (ex.: risco regulatório, aspectos ambientais, submissão a prazos etc.).

7. Se possível, inclua no primeiro documento a ser assinado (por exemplo: acordo de confidencialidade) alguns aspectos como o objeto da operação, o tipo de transação, quem está autorizado a falar e representar as partes, questões de exclusividade e outras condições que julgar necessárias.

8. Antes de assinar qualquer acordo com a outra parte, analise a sua conveniência, verificando se não há exigência legal ou regulatória que obrigue a sua divulgação ou geração de um fato relevante.

8. *Visita ao* Data Room

O *data room* é o local onde a empresa-alvo disponibiliza as informações que as partes, "em tese", acordaram para permitir a elaboração de uma proposta inicial. O termo "em tese" é usado porque, em geral, embora tenha sido discutido previamente, o leque de informações apresentadas no *data room* está sempre bem aquém da expectativa do comprador. Mesmo que não esteja, tente sempre obter mais informações que as oferecidas.

É durante o *data room* que as equipes técnicas – incluindo o jurídico, financeiro, contábil, tributário e ambiental, além do técnico operacional – devem levantar as informações para revisar a avaliação preliminar e refinar as listas de temas que serão objeto de investigação e validação na fase do *due diligence*.

As informações apresentadas no *data room*, diferentemente das informações públicas, são de maior confiabilidade, uma vez que são apresentadas pelo vendedor como aquelas adotadas para gerir seus processos e implementar seus projetos – embora muitas destas informações sejam públicas. Elas servirão de base para a formulação da proposta inicial, que normalmente é acompanhada da assinatura de uma carta de intenções ou memorando de entendimentos que vincula as partes ao compromisso de fechamento, sujeito apenas a algumas condições preestabelecidas. É dentro destas condições que a empresa compradora deve construir suas rotas de fuga.

Do & Dont's **Nesta Etapa:**

1. Reclame sempre da qualidade e da adequação da informação disponibilizada no *data room*. Qualquer atendimento a esta reclamação pelo vendedor vai contribuir para a elaboração de uma possível proposta inicial e para a preparação do *due diligence*.

2. Seja criterioso na definição da equipe que participará do *data room*, escolhendo pessoas com experiência em processos desta natureza. A experiência da equipe permitirá encontrar pontos-chave para rever a avaliação preliminar e preparar o *due diligence* – é como procurar agulhas no palheiro, identificando, na imensidão de informações de uma empresa, aquelas que definem seu real estado.

3. Não se esqueça de trabalhar os integrantes da equipe básica que, a partir desta etapa, passarão a atuar como coordenadores. A integração da equipe, o foco e a visão global são elementos-chave.

4. Como o *data room* não é conclusivo, elabore uma apresentação bem fundamentada – com dados relevantes e com grande dose de entusiasmo – para a Alta Administração. Seja convincente. Nessa altura do jogo, você não pode "perder pênalti". O projeto tem que ir para o *due diligence*.

5. Pode ser que o projeto seja reprovado na primeira tentativa de aprovação pela Alta Administração. Se for o caso, não desista, reveja as análises, redefina a estratégia de apresentação, escolha o momento adequado e tente novamente.

9. Aprovação da Alta Administração para Submeter a Proposta Inicial e Assinatura de Uma Carta de Intenções ou Memorando de Entendimentos

Com base nas informações do *data room*, é revisto o estudo preliminar de avaliação e de aderência estratégica e sinergias. Isso vai gerar uma proposta inicial de valor ou faixa de valor que será submetida à Alta Administração, considerando o cenário de robustez e os mecanismos de mitigação dos riscos apresentados pelo ambiente macroeconômico e regulatório. Se a empresa decidir pela validade da proposta inicial e a continuidade da operação, está será submetida ao vendedor, juntamente com a proposta de uma Carta de Intenções ou Memorando de Entendimentos, que definirá a forma de continuar o projeto.

Considerando que o valor da proposta inicial deverá estar sempre aquém da expectativa do vendedor, mas guarda uma lógica empresarial, é de se esperar que a primeira reação do vendedor seja de rompimento e indignação. Mas o negociador deve manter-se tranqüilo, porque não será este o motivo do rompimento – se houver.

É normal que a proposta inicial esteja num nível de valor bem abaixo da expectativa do vendedor e acompanhada de uma série de ressalvas, devido às limitações impostas pelas informações apresentadas no *data room*. Os vendedores sabem disso, porém a reação faz parte da negociação. É como um jogo de xadrez: cada lado movimenta cuidadosamente suas peças e provoca reações do outro lado. É nesta hora que o comprador tem que dizer à outra parte que é preciso mostrar o valor do ativo à venda. Em outras palavras: é necessário aprofundar o nível de informações que será disponibilizado na fase de *due diligence* ou até mesmo nesta fase.

É normal que a parte vendedora, após a apresentação da proposta inicial, queira negociar um valor de venda como pré-condição para iniciar o processo de *due diligence*, estabelecendo um compromisso de compra. Neste caso, o comprador deve, ainda nesta etapa, assegurar que o nível de informações é suficiente para sua análise e definição de valor e, se necessário, solicitar complementação de informações. E, o que é mais importante: o comprador deve estabelecer no documento a ser acordado algumas condições a serem confirmadas na etapa do *due diligence* que, de forma não explícita, o permitam rever o preço e até mesmo sair da transação.

O ideal é que a proposta inicial deixe claro que o valor e as considerações apresentadas podem ser alterados após o processo de *due diligence*. Em qualquer caso, não se esqueça das rotas de fuga.

Do & Dont's **Nesta Etapa:**

1. Deixe claro para a Alta Administração que, embora o objetivo seja adquirir a empresa pelo menor valor, os valores apresentados na proposta inicial são apenas uma referência. Estes valores podem variar para mais ou menos, à medida que o processo de *due diligence* avance.

2. Use toda a sua habilidade na construção da proposta inicial para assegurar que o projeto avançará para a etapa de *due diligence*. A proposta tem que agradar à Alta Administração da sua empresa e ao vendedor. Para a Alta Administração, enfatize os ganhos e a aderência estratégica do projeto. Para o vendedor, fundamente a proposta inicial, destacando a necessidade de avançar no conhecimento do objeto da aquisição.

10. Due Diligence

É a etapa em que o comprador tem a oportunidade de conhecer a situação da empresa sob as óticas operacional, jurídica, financeira, contábil, tributária e ambiental, suas práticas, passivos e contingências. Estes dados, por sua vez, servirão de base para a negociação dos termos finais da operação, a definição do valor da aquisição (revisão da avaliação inicial) e o planejamento das ações de integração das operações após o fechamento da mesma.

São grandes os desafios desta etapa, não só pela complexidade e dificuldade na execução do processo de *due diligence*, mas também pela exigüidade de tempo disponível para sua execução. Seguem alguns fatores determinantes para o êxito do *due diligence*:

- Definição clara do escopo.
- Manutenção do foco durante todo o processo.
- Qualificação e dimensão da equipe (própria e consultores).
- Organização (estrutura e documentação).
- Processo de consolidação das informações (integração entre as várias equipes).
- Relacionamento com a equipe da empresa-alvo (postura).
- Logística de apoio.
- Bem-estar das equipes (comprador e vendedor).

Dada a sua relevância numa aquisição, o processo de *due diligence* será abordado com mais detalhes na Parte III.

Do & Dont's Nesta Etapa:

1. Colete o máximo de informações que contradizem o que foi apresentado pelo vendedor nas reuniões iniciais. Estas informações são excelentes trunfos nas negociações finais.
2. Nunca solicite informação além da sua capacidade de análise. O vendedor sempre entenderá que toda informação solici-

tada foi devidamente analisada, não cabendo a alegação de desconhecimento de sua situação posteriormente.

11. Negociação dos Termos Finais da Operação

Este é o momento mais difícil da operação, quando se definirão o valor final a ser pago, os mecanismos deste pagamento, os direitos e obrigações e vários outros aspectos relacionados ao futuro do negócio e ao relacionamento entre as partes.

Nesta etapa, ocorrem as rodadas de negociação mais intensas. O vendedor usará de toda a habilidade e estratégia (armadilhas e trunfos) que construiu durante o processo para manter o valor pré-acordado com o mínimo de garantias e amarras para o futuro.

O comprador, por sua vez, deverá ter construído sua estratégia (com suas armadilhas e trunfos) de negociação, visando à redução de valor e maximização das proteções para o futuro. É nesta etapa que efetivamente se mexe na carne – ou seja, no bolso – das partes. É o resultado deste processo que vai definir o que significou o negócio para cada parte.

Do & Dont's Nesta Etapa:

1. Prepare-se fisicamente e emocionalmente para esta etapa, que é a mais dura de todas.

2. É hora de reunir seus trunfos e abrir a "caixa de pandora" (armadilhas, blefes e simulações), sem esquecer que o vendedor também tem a sua, para consolidar e ampliar ganhos e proteções para o negócio. Adote como fonte de inspiração:

    a) Compromissos que a outra parte tem com terceiros associados ao fechamento da operação.

    b) Perda de valor do negócio perante o mercado.

    c) Limitações de tempo.

    d) Pressão do ambiente econômico e/ou político.

e) Nível de desgaste com fornecedores, sociedade e políticos caso a operação não seja concluída.

f) Desgaste do vendedor perante os empregados da empresa-alvo.

g) Criação de um cenário desfavorável, apontando para o risco de não aprovação dos termos finais da operação pela Alta Administração da sua empresa.

3. Defina claramente quem participará desta etapa de negociação, quem fala e o que fala durante o processo; e quais são os sinais para uma parada ou mudança de estratégia. O pior que pode acontecer é um posicionamento contraditório entre os membros da sua equipe na mesa de negociação.

4. Embora você não esteja revestido de poder para tomar todas as decisões, haja como se estivesse. Se necessário, solicite tempo e busque os respaldos necessários antes de retomar a negociação. Querendo ou não, você terá que tomar, solitariamente, algumas decisões com implicações futuras para a sua empresa. A companhia nem sempre estará à sua disposição, embora esteja pressionando para o fechamento.

12. Aprovação Final

A depender dos estatutos, a autorização final para a aquisição e/ou venda de ativos está no nível da Alta Administração ou da assembléia de acionistas das empresas envolvidas. Em alguns casos, além dos termos finais da operação, o encaminhamento para aprovação da transação deve conter um *fairness opinion* (opinião independente quanto à coerência dos métodos e valores, resultado da avaliação) emitido por um banco de investimento.

Com a aprovação dos órgãos competentes das empresas, é assinado o documento de compra (contrato), porém a operação ainda não está fechada. A transação necessita das aprovações externas exigidas por lei ou regulamentos de agências governamentais, bolsas de valor (às quais as empresas estão submetidas) e órgãos de defesa da concorrência.

Embora a operação não esteja fechada, após a assinatura do contrato, as empresas têm que anunciar para o mercado a assinatura do documento e as condições da transação. Isso pode parecer uma tarefa simples, mas a forma como a operação será divulgada pode resultar num grande impacto positivo ou negativo para a imagem da empresa, com conseqüente repercussão no valor das ações em bolsa das empresas envolvidas na transação.

Do & Dont's Nesta Etapa:

1. Este é o momento de você obter a homologação de tudo o que fez sem prévia autorização (resumindo: salve a sua pele). Logo, prepare uma apresentação o mais transparente possível, destacando os itens críticos e suas conseqüências.

2. Se houver pendência quanto à aprovação de órgãos reguladores ou de defesa da concorrência, realce junto à Alta Administração a importância do seu papel na condução destas aprovações. A Alta Administração pode contribuir para o processo esclarecendo os objetivos da operação às autoridades ou fazendo injunções políticas para agilizá-lo.

3. Lembre-se de que a operação ainda pode ser revista, pois sem autorização da Alta Administração não há operação. Logo, esteja preparado para reabrir negociações, se assim for determinado. Não tente criar uma situação para precipitar o fechamento.

4. Não faça apresentação para aprovação final sem um *fairness opinion*.

5. Seja criterioso na elaboração do *press release* (comunicado para imprensa) que anunciará a operação para o mercado. O comunicado à imprensa deve passar uma visão otimista da operação, destacando aspectos além dos financeiros, como posicionamento no mercado, potencial de crescimento, avanço tecnológico, integração, ganhos de escala, geração ou manutenção de empregos e implementação de práticas para melhoria dos aspectos ambientais.

13. Pré-fechamento *(Pree-closing)*

Nesta etapa, as partes já assinaram o contrato e devem aguardar a aprovação dos órgãos externos competentes. A duração dessa fase, que vai da assinatura do contrato de compra até a aprovação final dos órgãos externos, depende de alguns fatores:

- Em quantos países, com diferentes procedimentos e/ou órgãos regulatórios a transação deve ser submetida.

- O nível de complexidade da transação, que resulta em maior tempo para análise e emissão de pareceres.

- O poder dos lobistas e a situação política dos países envolvidos na operação, que podem influir no processo, de forma explícita ou não.

Além disso, em vários países, incluindo o Brasil, não há um prazo estabelecido para que os órgãos regulatórios ou de defesa da competição emitam seus pareceres a respeito da transação.

Em alguns casos, as partes decidem efetivar a transação nesta fase, deixando apenas como condicionante as aprovações externas. Esta opção deve ser examinada cuidadosamente, sob a ótica da legitimidade da transação perante terceiros. Além disso, esta opção exige cuidados adicionais, uma vez que eventos não previstos podem interferir drasticamente no negócio, até que os órgãos competentes se pronunciem.

O controle da empresa-alvo neste período é também objeto de ampla negociação. O que normalmente ocorre é uma negociação de limites de competência para quem vai operar durante este período, no qual se procura assegurar que não haverá uma gestão predatória e mudança de estrutura do negócio.

Há de se convir que a falta de um prazo para o pronunciamento dos órgãos externos é uma situação indesejável para ambas as partes. Isto implica um esforço conjunto em busca da definição de um prazo limite para se obter as aprovações necessárias e definir o que fazer após este prazo, caso os pareceres não tenham sido ainda emitidos.

Para o comprador, este período não deve impedi-lo de assumir o controle da empresa-alvo. Embora com algumas restrições na gestão do negócio, o comprador não deve abrir mão de exercer seus direitos como novo acionista. Deve aproveitar este período para a revisão e estruturação de seu plano de negócio e a implementação das sinergias.

Do & Dont's Nesta Etapa:

1. Em alguns casos, este é o momento para solicitar a aprovação dos órgãos externos (reguladores e defesa da concorrência) para a operação. Não deixe o processo de aprovação junto aos órgãos externos, bem como a preparação da documentação, apenas nas mãos dos advogados. Além dos aspectos jurídicos, há a necessidade de fornecer uma infinidade de informações relacionadas às operações das empresas envolvidas. A coordenação destas ações deve assegurar a coerência não somente com a operação em pauta, mas também com os processos das empresas já analisados por estes órgãos.

2. Assegure que os procedimentos e informações relacionados às aprovações dos órgãos externos estão sob a coordenação de uma única pessoa. Os órgãos externos, mesmo de países diferentes, se comunicam.

3. É necessária a ação institucional, a ser conduzida pela Alta Administração, junto aos órgãos e autoridades competentes, para agilizar os processos de aprovação.

4. Visitas de esclarecimento aos órgãos externos e autoridades associadas ajudam muito no processo de aprovação.

5. Em relação às aprovações externas, considere já no início das negociações os seguintes aspectos:

    a) Análise dos riscos regulatórios e políticos nos vários países que estão envolvidos na transação.

    b) Definição quanto à forma de gerir a empresa durante o período de *pree-closing*, uma vez que há risco de restrições ou veto à transação.

c) Definição sobre as conseqüências, em caso de restrição ou veto à transação.

d) Definição de quanto tempo deve ser estabelecido para que os órgãos emitam seus pareceres. Considerar neste período a existência de eventos do tipo eleição ou grandes movimentos políticos ou econômicos que possam alterar as análises anteriores.

6. É necessário estabelecer as condições em que a empresa-alvo será gerenciada durante o período entre a assinatura do contrato de compra e as aprovações externas. Cuidados especiais serão necessários caso as partes acordem que a operação estará concluída após a assinatura do contrato.

7. Atenção especial para o relacionamento com as pessoas da empresa-alvo (gerentes e suas equipes). Embora o comprador já esteja no controle, há um risco de não aprovação por órgãos externos.

14. Fechamento (Closing)

Normalmente ocorre logo após as aprovações necessárias, com a transferência das ações, propriedade de ativos ou efetivação da fusão, se for o caso.

Em algumas situações, como já mencionado (principalmente quando se trata de compra de ações ou fusões), as partes decidem efetuar a transferência ainda na fase do *pree-closing*. Isto é normalmente desejado pelo comprador, assegurando-lhe um maior controle e antecipação de ações que normalmente só seriam implementadas após o fechamento (*closing*).

Há duas situações em que é possível fazer o fechamento da operação no momento da assinatura do contrato. A primeira é quando as partes decidem deixar a assinatura do contrato final para depois da aprovação dos órgãos externos. A segunda é quando as partes não necessitam legalmente de autorização de órgãos externos para realizar o fechamento da transação.

Em qualquer caso, o fechamento (*closing*) implica a irreversibilidade da transação. Para tanto, é necessário o registro dos demais documentos que ficaram condicionados à aprovação dos órgãos externos, tornando a transação um ato jurídico perfeito e acabado.

Quanto ao pagamento, fica condicionado ao que foi estabelecido entre as partes e estará claramente definido no contrato que contém os termos finais da transação. De maneira geral, o processo de pagamento se inicia no momento da transferência do objeto da transação ou efetivação da fusão, se for o caso. Logo, isto poderá ocorrer na fase do *pree-closing*. Neste caso, é normal se definir mecanismos que assegurem a devolução das quantias adiantadas, se não for possível concluir a operação nos prazos e nas condições preestabelecidas. Nestas situações, se estabelece também qual o destino dos ganhos auferidos até o momento do *closing*, na eventualidade de não haver fechamento da operação.

A forma de pagamento é abordada com mais detalhes na Parte II.

Do & Dont's Nesta Etapa:

1. Como comprador, desenvolva sua lógica de negociação de forma a fechar o negócio no momento da assinatura do contrato, enquanto o pagamento deverá ficar condicionado às autorizações externas.

2. Observe bem a robustez dos mecanismos de *unwind* (obrigação de desfazer a operação) decorrentes da não aprovação externa. É necessário garantir que não haverá dificuldades em reaver quantias antecipadas ou deixadas em *escrow accounts* (conta bancária de garantia com o intuito de assegurar representações, performance ou qualquer outro tipo de obrigação que uma das partes tem com a outra).

15. *Pós-fechamento* (Pos-closing)

Esta etapa está intimamente associada aos termos finais do contrato de aquisição. É nesta etapa que se administram as condições e os mecanismos relacionados às garantias, representações e indenizações estipuladas. A administração desta etapa implica tomar as providências necessárias para caracterização do não cumprimento de obrigações ou surgimento de um evento de responsabilidade do vendedor. Se isso não for feito, a empresa estará pagando mais pela aquisição.

Neste sentido, é necessário definir uma matriz de responsabilidade e procedimentos de forma a assegurar a gestão do contrato de aquisição. Em geral, este é um processo de longa duração, que tende a ser deixado em segundo plano ou até mesmo desconsiderado, principalmente quando as pessoas que conduziram a operação não se mantêm envolvidas com o processo após o fechamento da transação. Isto pode significar perdas que não serão sequer percebidas.

Do & Dont's **Nesta Etapa:**

1. Defina quem ficará responsável pela administração do contrato de compra. Há muito a perder ou a ganhar, dependendo da forma como o contrato venha a ser administrado.

2. Por se tratar de um documento resultante de um processo de negociação complexo, é desejável que o responsável pela administração do contrato tenha participado ativamente do processo e seja acompanhado também por advogados que também tenham participado das negociações.

3. Não subestime a ocorrência de disputas com o vendedor após o fechamento da operação. Para tanto, mantenha viva a memória do processo e documentos de suporte.

Interdependência entre as etapas

Embora apresentadas em seqüência, a implementação das etapas apresentadas nesta seção não ocorrem necessariamente de forma seqüencial. Na verdade, há um elevado nível de interdependência entre as várias etapas do processo de aquisição. O fato é que vários dos subprocessos que compõem as etapas não se restringem a uma única fase e, invariavelmente, não são concluídos na etapa em que se originou.

A interdependência entre as macroetapas contribui para a complexidade do processo. Esta característica reforça a necessidade de construir e compartilhar a visão global da operação com a equipe, ser disciplinado, organizado e, acima de tudo, ser flexível quanto à seqüência de implementação das etapas e dos subprocessos. Dependendo da forma como são conduzidas, as etapas podem colocar tudo a perder. Em outras palavras, é necessário ter uma postura "antecipativa" e assegurar que cada ação será planejada, considerando seus reflexos no que já foi feito e no que se planeja fazer no futuro.

Parte II:
Os Atores do Processo

A Empresa como Agente da Aquisição

A Alta Administração

A Postura dos Demais Executivos da Empresa

As Equipes

O Papel do Gerente do Projeto

O Perfil do Gerente

O Negociador e o Processo de Negociação

Os Erros Mais Freqüentes do Gerente e do Negociador

O Papel do Banco de Investimentos

O Papel dos Advogados

> "Tudo é loucura ou sonho no começo. Nada do que o homem fez no mundo teve início de outra maneira –, mas já tantos sonhos se realizaram que não temos o direito de duvidar de nenhum."
>
> Monteiro Lobato*

Nesta parte, serão apresentados alguns aspectos que mereceram atenção especial, tornaram-se relevantes ou simplesmente se configuraram como situações curiosas relacionadas aos principais atores no processo de desenvolvimento de negócios. Entremeando estes temas, foram incluídos alguns casos e situações relacionadas a processos de aquisição, que não estão necessariamente associados às operações conduzidas pelo autor, mas que ilustram o que pode ocorrer na atividade de desenvolvimento de negócios.

Seja como for o processo de aquisição, o negociador e sua equipe devem trabalhar na defesa do que acreditam, sem receio de pensar "fora da caixa". Essa singularidade, firmeza e perseverança, aliadas ao indispensável espírito de equipe, fazem a diferença numa negociação. E, principalmente, nos momentos decisivos de uma negociação.

> ... Era uma hora da manhã do dia previsto para a assinatura do contrato final de aquisição, que estava marcada para as 10h30min daquela manhã. As equipes de negociação das duas partes, já esgotadas, esgrimavam há mais de 36 horas, interrompidas apenas por pequenos intervalos (que não podiam ser

---

* Monteiro Lobato (1882–1948), escritor, fundador da indústria editorial brasileira, intelectual militante, visionário e empreendedor, precursor da campanha pela criação de uma companhia nacional de petróleo e do desenvolvimento baseado no tripé "ferro, petróleo e transportes".

chamados exatamente de repouso), na busca dos melhores termos e condições finais para suas empresas. Estava claro que a parte compradora queria acelerar o processo de consolidação das conquistas e fechar a operação, enquanto a parte vendedora tentava de todas as formas reabrir pontos já negociados e incluir mudanças de última hora, que necessitariam ser cuidadosamente analisadas. E não havia tempo para fazer isso até as 10h30min daquela manhã. Era o velho jogo de xadrez de uma negociação: a parte que reivindicava a abertura e a inclusão de alguns pontos apostava que a outra parte cederia às suas pressões por já ter se decidido pela compra e também porque uma possível desistência da venda provocaria grande (e negativa) exposição política. Logo, era hora de resgatar o máximo de valores, segundo a percepção dos vendedores. O outro lado da mesa percebeu a manobra e decidiu apostar naquilo que construiu ao longo de todo o processo: a irreversibilidade da operação. Era tarde demais para reabrir questões ou incluir novos pontos. Desistir da venda, segundo a avaliação do negociador da parte compradora, significava a destruição de valor da empresa que estava à venda. O processo expôs demais os vendedores junto à força de trabalho e à sociedade, além dos compromissos que eles assumiram com terceiros ao longo do projeto e que os colocavam em posição de "xeque", dificultando sua saída da operação. Com a convicção de que o caminho já não apresentava mais retorno e considerando a postura inadequada dos vendedores em querer fazer mudanças de última hora, o negociador da parte compradora tomou uma decisão: a uma hora da madrugada, ele se levantou da mesa de negociação e anunciou que a operação estava fechada. E que estava se retirando para repousar e estar inteiro na hora da assi-

natura dos contratos, dali a algumas horas. A atitude, inesperada pela parte vendedora, deixou os negociadores perplexos e sem opção, porque acabava com a possibilidade de resgatar qualquer valor. A primeira reação deles foi a de bradar que a operação estava desfeita, pois não seria possível um fechamento sem a revisão e a inclusão dos itens propostos. A reação não alterou a decisão do negociador (comprador), que se retirou, determinando à sua equipe que fizesse o mesmo, pois a operação estava concluída. A reação de seu grupo também foi de surpresa e, em alguns casos, de perplexidade e temor com uma possível desistência do negócio pela outra parte. Isso significava que o negociador teria que assumir sozinho uma grande responsabilidade. Ainda assim, ele manteve a decisão de abandonar a mesa de negociação, pediu a sua equipe que lhe desse mais um voto de confiança e se foi. Embora certo de sua decisão, tinha a obrigação de informar aos seus superiores o ocorrido e dizer que, até aquele momento, não havia acordo para viabilizar o fechamento no horário previsto. O seu superior não escondeu o desapontamento, mas deu o voto de confiança e pediu muita cautela, tendo em vista os efeitos negativos no caso de não haver fechamento. Isso era tudo o que a parte vendedora queria: aproveitar-se da fragilidade e da ansiedade de quem já tinha decidido comprar. As duas horas seguintes dessa madrugada foram repletas de telefonemas de representantes dos bancos envolvidos na operação, procurando explicações com o negociador sobre o que havia ocorrido. Até que, finalmente, por volta das 2h30min, a parte vendedora informou que estaria pronta para reiniciar as negociações às 8 horas daquela manhã. Embora o negociador estivesse determinado a não discutir nenhum ponto e considerar a operação fechada, aquela no-

tícia era muito positiva, pois confirmava a dificuldade de movimento da outra parte. Já passava das três da manhã quando o negociador conseguiu se recolher para um breve (e não muito relaxado) descanso e se preparar para o embate final. Às 8 horas da manhã os vendedores se apresentaram para a tal reunião, mas o negociador (comprador) não compareceu. Mandou representantes que, por sua vez, não estavam autorizados a negociar nada. Enquanto isso, o negociador procurou um lugar tranqüilo, ao ar livre – uma praça belamente arborizada – para fazer suas últimas reflexões antes de voltar, às 9h30min, à mesa de negociações. A postura era a mesma: não aceitar mudanças de última hora e ganhar tempo para inviabilizar a manobra armada pelo vendedor. Ao mesmo tempo, era necessário administrar a pressão dos superiores, que demonstravam uma preocupação cada vez maior com a possibilidade de não haver operação, pelo menos naquela manhã. E atribuíam esse risco ao "rigor" adotado por seu negociador. A pressão chegou a níveis quase insuportáveis quando, às 10h15min, a parte vendedora anunciou que estava retirando suas reivindicações e que aceitava os termos já acordados para o fechamento. A operação foi fechada às 10h45min daquela manhã, após mais de 40 horas de "pugilato" intelectual e gerencial. Os negociadores de ambas as partes e suas equipes estavam extenuados, porém certos de que fizeram o melhor possível em defesa dos interesses de suas empresas. O negociador da parte compradora, por sua vez, estava certo de que, em algumas situações, é preciso endurecer – e perder a ternura. Mas não a ética e a determinação.

A Empresa como Agente da Aquisição

O tipo de empresa (estatal, privada aberta ou fechada) não necessariamente resulta numa maior ou menor dificuldade do processo de aquisição. As dificuldades estão associadas a modelos de governança complexos e lentos, ausência de compromisso com a implementação dos planos estratégicos (visão segmentada) e ausência de um sistema de conseqüência e avaliação da performance dos dirigentes – aspectos que não são privilégios de um tipo de empresa. Além disso, existem outras limitações impostas pelos estatutos e acordos de acionistas com os quais a empresa está comprometida e que podem gerar dificuldades jurídicas, tornando a operação mais complexa e de difícil implementação.

> ... naquela operação, os advogados estavam com a tarefa de identificar a forma legal para viabilizar a operação, uma vez que a empresa não poderia fazer associações diretas, apenas através de suas subsidiárias. Assim sendo, eles teriam que encontrar a forma de transferir os ativos, objeto da operação, para a subsidiária que seria o veículo para viabilizar a mesma.

Sem generalizar, pode-se dizer que as dificuldades se ampliam, nas empresas estatais e nas empresas familiares, por estarem, de uma forma ou de outra, mais expostas às influências políticas, ao jogo de poder e às disputas internas. Em algumas empresas estatais, em especial, os processos decisórios envolvem várias instâncias, apresentam limitações quanto à flexibilidade de gestão e estão sujeitos a vários órgãos reguladores e fiscalizadores, dificultando os processos de aquisições nestas empresas.

> ... embora os estatutos da empresa fossem claros quanto à dispensa de realização de uma assembléia de acionistas para aprovar aquela operação, os executivos decidiram realizar a assembléia, que votou pela não realização da operação. O negócio foi capturado pelo concorrente.

A Alta Administração

> *"Nada de imitar seja lá quem for. (...) Temos de ser nós mesmos (...) Ser núcleo de cometa, não cauda. Puxar fila, não seguir."*
>
> Monteiro Lobato

Estudos publicados pela *Business Week* em 2001 indicam que apenas cerca de 25% das aquisições atendem os objetivos que motivaram a sua efetivação, e que entre 30% e 45% destas aquisições foram objeto de operações de desinvestimento por valores bem inferiores aos das aquisições iniciais – e aqui não se consideram as aquisições por investidores com propósito de revenda.

As aquisições são, portanto, operações que requerem uma análise profunda quanto à aderência estratégica e definição clara dos objetivos a serem atingidos, considerando os riscos apresentados pelo ambiente macroeconômico e regulatório. Além disso, exigem um elevado nível de comprometimento na sua implementação.

Neste sentido, a Alta Administração desempenha um papel fundamental no processo de aquisição. É, na verdade, a locomotiva do processo. Através de sua postura e nível de suporte perante as demandas do projeto, a Alta Administração comunica à organização o grau de importância e a prioridade do projeto de aquisição.

Embora desejável, nem sempre há consenso entre os membros da Alta Administração quanto a um projeto de aquisição. A falta de consenso, quando ocorre, se desdobra para os demais níveis da organização, ampliando as dificuldades para alinhamento das várias áreas, que é um ponto fundamental para o desenvolvimento do negócio.

Embora alguns aspectos relacionados a governança, a estatutos e a outros temas processuais possam trazer alguma dificuldade à operação de aquisição, nada é mais nocivo do que uma visão segmentada no nível da Alta Administração. Independentemente do tipo de empresa, esse tipo de procedimento conduz a uma postura individualista dos membros da Alta Administração, o que reduz o compromisso com o resultado global.

A conseqüência é que a empresa deixa de realizar um bom negócio, sem uma justificativa relevante e sem que ninguém seja responsabilizado pela não implementação do mesmo, muito menos pelas perdas decorrentes do lucro cessante e seu efeito direto no patrimônio líquido da empresa. Lamentavelmente, alguns modelos de governança corporativa são pouco transparentes, impedindo que os efeitos da visão segmentada e de outras práticas nocivas à corporação sejam percebidas pelas demais partes interessadas na empresa.

Alguns aspectos associados à liderança têm influência considerável no resultado do processo e passam por:

- Falta de liderança durante o processo de aquisição.
- Falta de liderança na condução do negócio após a aquisição.
- Considerar a operação apenas pela ótica financeira e operacional.
- Subestimar as questões associadas às pessoas.
- Considerar as sinergias como valor a ser pago pela transação.
- Lentidão no processo de tomada de decisão.
- Visão segmentada do corpo gerencial da empresa compradora.
- Desconsiderar as diferenças culturais.

O papel da liderança, portanto, é crítico, tanto para o processo de aquisição como para o período que se segue após a aquisição.

Durante o processo de aquisição, a liderança atua destacando as questões estratégicas da operação ao mesmo tempo em que trabalha no sentido de neutralizar ou minimizar as divergências e os conflitos internos relativos à operação.

No pós-aquisição, o papel da liderança está centrado na construção de uma relação de confiança entre as equipes das diferentes empresas que passam, eventualmente, a trabalhar juntas, construir e compartilhar uma nova visão para o novo negócio.

Embora não haja um estudo específico correlacionando o nível de comprometimento da Alta Administração ao fracasso das aquisições, é fácil identificar as conseqüências decorrentes da falta ou do baixo nível de comprometimento da Alta Administração:

- Falta de suporte técnico para o desenvolvimento dos processos de avaliação e *due diligence*.
- Imobilismo da organização, retardando os processos decisórios.
- Realização de um processo de transição inadequado para o pós-aquisição.
- Deficiência ou ausência de plano para gerenciar a empresa ou ativo em decorrência da ausência de uma visão integrada da empresa sobre o negócio adquirido.
- Baixa qualidade dos contratos, suas garantias e mecanismos de mitigação.
- Isolamento gerencial do novo negócio.

A Postura dos Demais Executivos da Empresa

Esse é um fator que exerce muita influência no processo de aquisição. Por esse motivo, deve ser objeto de grande atenção por parte do gerente do projeto.

Ele deve estar preparado para lidar com as mudanças de postura dos executivos e colegas de trabalho, uma vez que elas podem afetar e, até mesmo, inviabilizar o projeto.

É necessário entender os fundamentos das diferentes posturas e demandas das pessoas e utilizá-las da melhor forma em benefício do processo. A oposição ao projeto nunca deve ser tratada como algo pessoal, embora até possa ser. Portanto, é necessário ter capacidade de julgamento quanto às demandas e deixar as diferenças para serem discutidas e definidas no momento e nos fóruns adequados. É importante evitar a polarização e não se envolver com aspectos que possam desviar o foco da operação. Isto é tudo o que os opositores desejam.

Além da confiança e harmonia necessárias entre os membros da equipe para tocar um processo de aquisição, o tempo para a realização de um negócio desse porte tem que ser respeitado. Naquela operação, esse tempo era curto e a experiência da equipe seria o grande diferencial. Dentro desse espírito, foram definidos os nomes da equipe básica. Ao saber das indicações, um dos superiores hierárquicos do gerente do projeto chamou-o e solicitou que fizesse uma mudança na equipe. Ao analisar a solicitação, o gerente voltou ao seu superior e disse que aquela mudança poderia pôr em risco o processo, uma vez que a pessoa apontada não estava preparada para aque-

> *la função, embora fosse um profissional de alto gabarito, e que o mesmo já estava envolvido no projeto, em outra posição. Logo, a substituição proposta poderia inviabilizar o cumprimento dos prazos. O superior, no entanto, ignorou o argumento e insistiu na mudança. Isto exigiu um longo processo de negociação interna, até que, finalmente, foi aceita a argumentação do gerente do projeto. A partir daí, nenhuma mudança foi mais sugerida na equipe do projeto.*

À medida que a operação avança, sua visibilidade interna e externa (mercado) se amplia e, conseqüentemente, a demanda por informações. Uma das conseqüências é o acirramento das diferenças internas e do estresse, que sempre recaem no gerente do projeto. São formas de pressioná-lo em todas as direções: ora para acelerar e antecipar a data de fechamento, ora para retardar ou até mesmo para inviabilizar a operação.

Seja como for, o importante é que o gerente não se precipite e saiba lidar com as idiossincrasias e diferenças entre os membros da Alta Administração, de forma a reduzir as pressões. Se o gerente não tiver esse tipo de cuidado, pode enfrentar problemas como a perda de foco e o risco de deixar alguns valores importantes sob a mesa de negociação.

Numa empresa – e, conseqüentemente, numa operação de aquisição –, existem profissionais com diferentes posturas, que poderíamos classificar assim:

Postura 1

O *"do contra por convicção"* – É aquele que se posiciona de forma agressiva, sem qualquer fundamentação. Os argumentos demonstram claramente que ele tem uma agenda própria ou, por limitações pessoais, não consegue enxergar o processo com clareza. Esta postura resulta num trabalho adicional de explicações e justificativas para cada passo do processo, a fim de torná-lo ainda mais transparente, realçando os seus benefícios e aderência estratégica previamente acordada. Mas, seguindo o princípio de que é possível tirar proveito de tudo, este tipo de postura pode ser utilizada como fonte de alertas ou de temas que devem ser mais bem analisados, a fim de assegurar a legalidade e o equilíbrio da operação. A forma de neutralizar ou minimizar os efeitos negativos do profissional do contra é identificar os aspectos do projeto que possam ser do seu agrado ou mesmo demonstrar empenho em minimizar os aspectos que ele julga inaceitáveis. De qualquer forma, não perca o "do contra" de vista. As suas opiniões devem ser rebatidas prontamente com fatos e dados, para evitar que conceitos e posicionamentos equivocados ou incompletos ganhem espaço.

Postura 2

O *"ciumento"* – É aquele que tem ciúme por não ser o gerador da idéia. Normalmente, não se posiciona contra no início do projeto. Mas, do meio para o fim – e de forma indireta, sem aparecer –, cria espaços para os opositores "de plantão", embora não necessariamente seja partidário da mesma visão. Esta postura se torna ameaçadora, na medida em que é adotada por gerentes e dirigentes vaidosos. Eles costumam fazer observações que criam um clima de dúvida sobre a transação, usando argumentos tecnicamente válidos, embora superficiais e/ou específicos, que questionam a adequação do *due diligence*, o valor a ser pago e a abrangência das proteções. Esta postura exige um trabalho exaustivo de análises adicionais, em muitos casos insignificantes para o negócio como um todo. O resultado é que o alinhamento interno para a realização do projeto se torna mais difícil que a negociação externa. Ao final, o detentor da postura se posiciona como "voto vencido", o que lhe permite no futuro tirar vantagem no caso de alguma coisa sair errada. Como é possível tirar proveito de tudo na vida, esta postura negativa poderá ser utilizada como elemento de pressão junto à parte vendedora, realçando as dificuldades internas para o fechamento da operação frente a certas demandas colocadas pelos vendedores. A forma de cooptar o ciumento é atribuir importância às suas opiniões e a "paternidade" às iniciativas que ele considera vitais para o projeto. Portanto, tenha jogo-de-cintura e deixe que ele pense que algumas decisões passaram por ele.

Postura 3

O *"do negócio com risco zero"* – É aquele profissional conservador, que defende a realização do negócio com risco zero em todas as dimensões. Esta postura se torna mais evidente durante o período de avaliação e *due diligence* e exerce um papel importante, pois, ao tentar identificar possíveis riscos, contribui em certa medida na formatação de uma operação mais robusta, com mecanismos de mitigação de risco e/ou definição do valor adequado. A melhor forma de equilibrar essa postura e tirar vantagem dela é trazer o crítico para dentro do processo, possibilitando uma visão mais ampla do negócio e do equilíbrio entre valor e risco associado.

Postura 4

O *"do receio pela dimensão do negócio"* – É o profissional descrente porque acha que a empresa não está preparada para assumir tamanho desafio. Tem uma influência muito forte no início do processo, quando aponta as deficiências da própria organização frente ao desafio. Em geral, ele arrasta muita gente para a torcida do "deixa disso, este peixe é muito grande para nós". A perseverança é o melhor remédio para este caso, uma vez que esse tipo de profissional não discorda do valor do objeto da aquisição e, com o passar do tempo, vai conhecendo melhor o ativo ou o negócio e percebendo que o desafio, embora grande, pode ser enfrentado. Em geral, esta postura é revista após a fase de avaliação preliminar, quando se aprofunda o conhecimento do ativo, passando a uma postura de aliança e colaboração. Mas é bom ressaltar que mesmo na fase da descrença, é possível tirar vantagem desta postura, dependendo do nível de influência de quem a detém. Até certo ponto, deve-se deixar esta descrença chegar ao conhecimento da parte vendedora, o que poderá ser útil no processo de negociação.

Postura 5

O *"palpiteiro"* – É aquele que, mesmo sem conhecer a operação e seus objetivos, emite opiniões equivocadas, incoerentes ou sem consistência, causando muito ruído durante o processo. O remédio para este caso é esclarecer o processo de aquisição e seus objetivos, caso não haja algum impedimento relativo à confidencialidade.

Postura 6

O *"parceiro"* – Esta é, sem dúvida, a postura adequada e desejada para um executivo, o que não significa, entretanto, que a parceria concordará com tudo e que não haverá demandas específicas. A diferença está na forma de se posicionar. O que é mais importante neste profissional é sua atitude construtiva, o que auxilia de forma definitiva na identificação dos aspectos que justificam a aderência estratégica preestabelecida, além de se posicionar de forma clara diante das inúmeras decisões necessárias durante o processo.

As Equipes

"Talento não pede passagem, impõe-se ao mundo."
Monteiro Lobato

Ser membro da equipe de um processo de aquisição é como entrar numa maratona: a pessoa envolvida vai ter que trabalhar em longas jornadas de 14 horas, sete dias por semana, por vários meses, sob permanente pressão e, em geral, fora do seu ambiente normal de trabalho, sacrificando inclusive a sua vida pessoal.

> *... alguém então respondeu: "Fica tranqüilo, não há o menor risco de alguém estar 'grávida' ou anunciar que vai ser papai, porque trabalhar nesse processo é ter a certeza de que não sobrará tempo para mais nada".*

A qualidade das equipes e, conseqüentemente, de seus resultados, em última análise, refletirá a qualidade ou o valor da operação.

As análises dos dados, a identificação de pontos críticos, o suporte na preparação e condução das rodadas de negociação e a gestão do processo de *due diligence* – além do apoio moral ao gerente do projeto durante os momentos mais difíceis – são elementos-chave para o sucesso da operação.

O fundamental é não subestimar os cuidados na formação das equipes e estabelecer mecanismos e atrativos para assegurar o comprometimento e a dedicação das pessoas, uma vez que estarão trabalhando em condições adversas.

> ... *"Vamos, gente, já fizemos o que podíamos hoje. Essa é uma corrida de longa distância e os últimos metros vão ser os mais difíceis. Precisamos estar inteiros até o final."* Esses eram comentários freqüentes dos coordenadores, às 11 horas da noite, pedindo aos membros de suas equipes que interrompessem a jornada de trabalho daquele dia, tamanhas eram a disposição e a dedicação das pessoas.

O primeiro atrativo é deixar claro que os profissionais estão sendo chamados para contribuir com suas habilidades e conhecimento para algo importante para a organização. O segundo atrativo é o desafio para o sucesso da operação; neste sentido, é preciso falar abertamente sobre os obstáculos a serem vencidos. O terceiro atrativo é a sinalização de que haverá reconhecimento pela contribuição à implementação do projeto.

> ... *não foram muitos os momentos, naquela correria e tensão para concluir o processo de due diligence, em que todo o grupo pôde se reunir. Porém, nas reuniões gerais e nos jantares para registrar um evento importante, as pessoas aproveitavam para celebrar a harmonia e renovar a confiança mútua que vinha sendo cultivada. Isto foi resultado da liderança exercida pelos coordenadores junto às equipes.*

Além de uma equipe básica, que acompanha todo o processo, também são formadas várias equipes para tarefas específicas. É o caso dos profissionais que participarão no processo de *due diligence*, na definição da estrutura societária mais adequada para a aquisição, na estruturação financeira, na preparação da documentação e acompanhamento dos processos junto aos órgãos de defesa da concorrência, dentre várias outras.

Para possibilitar um clima harmonioso de participação e contribuição das equipes, é necessário assegurar um mínimo de bem-estar e conforto para os profissionais, principalmente quando o trabalho exige o afastamento de suas famílias (no caso de aquisições internacionais). Facilidades de recreação, boa alimentação, ambiente descontraído e reconhecimento durante o desenvolvimento dos trabalhos são aspectos fundamentais para o êxito do processo. Além disso, não se pode esquecer o suporte logístico e técnico para permitir o adequado desenvolvimento dos trabalhos.

> ... *Depois de semanas de trabalho, a equipe já não tinha mais opção de menu para a escolha do que comer durante a rotina de trabalho. O fato é que as pessoas, determinadas a trabalhar em jornadas de 12, 14 ou até mais horas por dia, já não suportavam os sanduíches ou pizzas que eram obrigadas a comer no almoço e jantar, enquanto se desenvolviam as análises e avaliações para viabilizar o projeto. Em determinado momento, a equipe percebeu que esta rotina estava equivocada e que, trabalhando naquele ritmo, as pessoas perderiam o estímulo e o fôlego. A partir daí, estabeleceu-se uma rotina com paradas obrigatórias para as refeições e alguns intervalos para um cafezinho, embora tenham sido mantidas as longas jornadas. Foi um aprendizado importante para o grupo.*

A montagem da equipe deve ser iniciada já nos primeiros movimentos do processo de aquisição, quando são escolhidas as pessoas que farão a análise estratégica e a avaliação preliminar. Deste time sairão os coordenadores para os diversos subprocessos, destacando-se o coordenador que conduzirá o processo de *due diligence*. Para tanto, seus integrantes devem ser selecionados não só por seus conhecimentos técnicos, que são indispensáveis, mas também por outros atributos importantes, como:

- Capacidade de coordenação.
- Espírito positivo.
- Conhecimento da estrutura da própria empresa.
- Trânsito e respeitabilidade dentro da estrutura.
- Senso de urgência.
- Criatividade e flexibilidade.
- Habilidade para trabalhar num ambiente de muita pressão.
- Disposição para uma jornada de trabalho de 14 horas por dia.
- Capacidade de focalização.
- Visão sistêmica.
- Facilidade de relacionamento e de trabalho em equipe.
- Organização.
- Disciplina.

Tendo em vista o rigor e a pressão a que as equipes de um processo desta natureza estarão submetidas, é necessário um cuidado especial com os seguintes aspectos:

- Desenvolver todos os esforços para que o planejamento seja bem elaborado e o tempo previsto para o processo seja adequado, evitando atrasos que acentuariam o cansaço e o nível de estresse das equipes.
- Estabelecer uma política de valorização e participação das pessoas e equipes, de forma a realçar a contribuição das partes para o todo.
- Prever momentos de descontração e entretenimento durante o processo, para evitar a fadiga e possibilitar um convívio social entre as pessoas.
- Assegurar um mínimo de facilidades e atividades de suporte que evitem a dispersão e perda de foco no processo.

- Estabelecer um plano de comunicação que mantenha as pessoas informadas sobre o andamento do processo de aquisição e, ao mesmo tempo, permita que a empresa reconheça o trabalho das equipes.

A postura da equipe de *due diligence* diante dos representantes da empresa-alvo exerce uma influência fundamental no desenvolvimento do processo. É um erro fatal a equipe se posicionar com uma postura investigativa, questionando e/ou fazendo comentários sobre a qualidade e organização das informações ou das práticas da empresa. A postura deve ser a de quem quer conhecer a organização através dos olhos e do conhecimento da outra parte, angariando com isto a colaboração da equipe da empresa-alvo e construindo as bases para o provável relacionamento futuro.

O Papel do Gerente do Projeto

> ... era comum ele ouvir das pessoas que havia sido o responsável pelo êxito da operação. Embora isso o deixasse lisonjeado, apressava-se para corrigir a afirmação, dizendo: "A aquisição foi o resultado do esforço de uma infinidade de pessoas, nos diversos níveis da empresa, a partir e principalmente do seu presidente.
>
> Assim, é difícil – e injusto – identificar 'o verdadeiro' responsável pela aquisição. Como fácil é identificar aqueles que não contribuíram para o processo, dificultando, e, em alguns casos, tentando inviabilizar o processo".

Além da ação gerencial para assegurar o alinhamento estratégico, organizar as inúmeras atividades e prover os recursos logísticos para viabilizar a operação, o gerente exerce também o papel de líder do processo de negociação. Estas duas dimensões (gerente/negociador) serão abordadas separadamente, a fim de realçar suas peculiaridades.

Para atuar adequadamente, isto é, conduzir e concluir com êxito uma operação de aquisição, é necessário ter muita vontade, criatividade, determinação, teimosia e uma dose de rebeldia.

Adicionalmente, tem grande efeito sobre o resultado da função de gerente e negociador o histórico de vida daquele que desempenhará uma e/ou outra função. A sua formação, seus valores pessoais e a sua forma de se posicionar diante de situações de conflito ou dificuldades extremas fazem a diferença.

O Perfil do Gerente

> ...Para quem acompanhava mais detidamente a atuação daquele gerente, no meio da agitação que caracterizava o dia-a-dia do processo, poderia associá-lo à figura de um malabarista, que mantém doze pratos rodando sobre varetas, exercita a coordenação motora jogando cinco bolinhas para si mesmo, enquanto é obrigado a usar todo o jogo de cintura possível com um bambolê no pescoço e outro na cintura, tudo isto simultaneamente!!! E "ai dele" se deixasse qualquer desses apetrechos cair ou sair de seu domínio...

Diante da complexidade e diversidade de demandas de um processo de aquisição, algumas características, atitudes e habilidades devem compor o perfil de um gerente de projetos dessa natureza. E como ninguém é perfeito e especializado em tudo o que se exige numa negociação como essa, é preciso uma dose de humildade e persistência para assimilar ou desenvolver habilidades durante o processo. Ou seja, de aprender fazendo, sempre com o inestimável suporte das equipes envolvidas nos projetos.

> E, em certos momentos do processo, quando paira um clima de indecisão e pessimismo, um bom exercício é se inspirar em exemplos de pessoas que fizeram acontecer. Elas podem estar "na esquina" – um chefe, um colega, um diretor – ou numa "avenida" da história – empreendedores de sucesso, em suas áreas de atuação. Aliás, a leitura desse tipo de biografia pode ser boa companhia nesses momentos.

Atitudes, Posturas e Habilidades Relacionadas ao Gerente

1. Ser organizado e disciplinado na condução de suas atividades.
2. Ter a consciência do efeito que sua postura pode trazer para o processo: se for positiva, vai influenciar e motivar as equipes; se for negativa, vai ser acompanhada por ondas de pessimismo ou descrédito.
3. Ter consciência de que o trabalho vai interferir na sua vida pessoal e familiar.

> ... a proposta inicial fora entregue ao vendedor, o que indicava alguns dias de interrupção da negociação para a análise do documento. Diante disso, o gerente do projeto da parte compradora acreditou que teria alguns dias de descanso, depois de uma maratona de meses de reuniões e negociações. Assim, pegou os dois filhos para passar uma temporada de uma semana numa estação de esqui. Ao desembarcar no aeroporto para uma conexão entre vôos – ainda detalhando com os filhos os planos da tão esperada semana de férias –, o gerente avista, no saguão do aeroporto, uma daquelas pessoas que ficam esperando os passageiros com as ridículas plaquinhas em que aparece o nome do viajante. Por um momento, ele teve a ilusão (doce ilusão...) de que aquela plaquinha era uma miragem, uma "alucinação", um reflexo do cansaço que o consumia nas últimas semanas. Até que o cidadão se aproximou, com a inacreditável plaquinha na mão, e perguntou seu nome. Sim, era ele mesmo quem o tal homem procurava. Sim, o paraíso imaginado para a semana na neve se transformou, de fato, numa miragem. O homem da plaquinha estava ali para levar o gerente a uma reunião extraordinária, no escritório do banco de investimentos que assessorava a operação. Tudo de-

> *vidamente confirmado por um telefonema de seu superior, que já o aguardava naquela cidade. O gerente foi direto para a reunião e teve que deixar os dois filhos, menores, numa sala ao lado. Motivo da reunião, a outra parte (vendedor) não tardou a recusar a proposta oferecida e a anunciar o fim da negociação. O problema inesperado precisou de dois dias de intensas negociações para ser contornado – e, portanto, tomou dois dias da semana de férias do gerente e os filhos. Estes, aliás, tiveram que ficar na tal salinha durante as horas de reunião. Depois de muita conversa e muita negociação, os compradores conseguiram recolocar a operação em marcha. E o gerente pode, finalmente, retomar a programação de férias. Apesar dos dois dias a menos, ele e os filhos aproveitaram bastante os cinco dias na neve. Em compensação, a cada viagem que faz, desde então, o gerente não consegue mais olhar para os homens das abomináveis "plaquinhas" sem sentir um frio na espinha...*

4. Construir e manter atualizado o mapa de interesses das várias partes (internas e externas) envolvidas no projeto. Isso permite que o gerente se antecipe a situações que podem trazer problemas para o projeto e, dessa maneira, ser capaz de identificar e antecipar as soluções mais adequadas.

5. Estar preparado para tomar decisões duras.

6. Cuidar do bem-estar e reconhecimento das pessoas – elas são a garantia de sucesso ou fracasso do processo.

7. Ter a consciência de que não é preciso saber tudo, mas sim como encontrar o que é necessário.

8. Acreditar – e fazer a equipe acreditar – que uma solução adequada será encontrada para as infinitas dificuldades do processo.

9. Ter a capacidade de acreditar no impossível e não se deixar abater pelos obstáculos e/ou correntes contra.

> "SE
>
> Se és capaz de conservar o teu bom senso e a calma,
> Quando os outros os perdem, e te acusam disso
>
> Se és capaz de confiar em ti, quando de ti duvidam
> E, no entanto, perdoares que duvidem
>
> Se és capaz de esperar, sem perderes a esperança
> E não caluniares os que te caluniam
>
> Se és capaz de sonhar, sem que o sonho te domine
> E pensar, sem reduzir o pensamento a vício
>
> Se és capaz de enfrentar o triunfo e o desastre,
> Sem fazer distinção entre estes dois impostores
>
> Se és capaz de ouvir a verdade que disseste,
> Transformada por velhacos em armadilhas aos ingênuos
>
> Se és capaz de ver destruído o ideal da vida inteira
> E construí-lo outra vez com ferramentas gastas
>
> Se és capaz de arriscar todos os teus haveres
> Num lance corajoso, alheio ao resultado
> E perder e começar de novo o teu caminho
> Sem que ouça um suspiro quem seguir ao teu lado
>
> Se és capaz de forçar os teus músculos e nervos
> E fazê-los servir se já quase não servem
> Sustentando-te a ti, quando nada em ti resta,
> A não ser a vontade que diz: Enfrenta!
>
> Se és capaz de falar ao povo e ficar digno
> E de passear com reis, conservando-te o mesmo
>
> Se não pode abalar-te amigo ou inimigo
> E não sofrem decepção os que contam contigo

> *Se podes preencher todo o minuto que passa*
> *Com sessenta segundos de tarefa acertada*
>
> *Se assim fores, meu filho, a Terra será tua,*
> *Será teu tudo o que nela existe*
>
> *E não receies que te o roubem.*
>
> *Mas (ainda melhor que tudo isso)*
> *Se assim fores, serás um HOMEM."*
>
> Rudyard Kipling

10. Agir no sentido de assegurar a confidencialidade da operação.

> *... era um pequeno grupo que estava em missão naquele país para fazer os primeiros contatos com os representantes do vendedor. Havia uma grande preocupação em manter a discrição e assegurar a tão necessária confidencialidade da negociação. Eis que o telefone celular do gerente do projeto toca. Do outro lado da linha, um consultor de um outro projeto, mas que tinha seu escritório naquele país, após as saudações iniciais, pergunta qual o número de fax mais próximo para que pudesse enviar o material que lhe fora solicitado. Para não identificar o local onde se encontrava e evitar especulações, o gerente disse que estava em outro país distante daquele em que se encontrava e que era melhor encaminhar o material para sua secretária, no Brasil. Ela se encarregaria de repassar o referido material. Assim ficou acertado. A ligação foi concluída após as despedidas de praxe e a convicção do consultor de que acabara de falar com seu interlocutor em um país longe dali. E o gerente, de que tinha encontrado uma ótima solução para o impasse. Uma hora depois, o gerente e*

> *seu grupo foram almoçar num restaurante próximo ao local da reunião. Almoço descontraído, numa mesa central do belo restaurante, eis que surge na porta... Não! não era cena de novela, nem de filme de ficção!!! Era o tal consultor, em carne e osso – aquele que tinha falado com o gerente num país distante dali. Os dois praticamente se esbarraram no restaurante, mas, para não aumentar o constrangimento, não trocaram nenhuma palavra ou gesto. Diante desse tipo de situação, vale a máxima de que o mundo – especialmente o dos negócios – é realmente pequeno. Que todo cuidado é pouco quando se trata de manter segredo. E que, mesmo assim, nem todo segredo pode ser guardado a sete chaves.*

11. Não se deixar influenciar pelas críticas aos seus colaboradores. Esse é um aspecto tão importante, e muitas vezes não observado, que me lembra de uma história:

> *... todo dia ele saía para trabalhar no próprio quintal e deixava sua fiel companheira, uma raposa de estimação que já tinha há muitos anos, tomando conta de seu bebê. Não eram poucas as pessoas que o recriminavam, achando um absurdo ele deixar uma raposa tomando conta de uma criança. "Esse bicho ainda vai devorar seu filho", diziam. Ele não mudou sua rotina, mas começou a se incomodar com tantos alertas. Um dia, ao retornar do trabalho, encontrou a raposa, na sala, com a boca cheia de sangue. Tomado pelo ódio e pelo remorso de "não ter ouvido" os vizinhos, ele pegou um facão na cozinha e, sem qualquer vacilação, se aproximou da "traidora" e a matou, com várias facadas, sem dó nem piedade. Em seguida, apavorado com a cena que "veria", correu para o quarto do filho, na esperança de ainda conse-*

> *guir salvá-lo. Ao entrar no quarto, no entanto, ele mal acreditou quando viu o filho dormindo, placidamente, no berço. Embaixo do móvel, entretanto, estavam os restos de uma imensa cobra que fora atacada e morta por sua fiel companheira antes que pudesse chegar ao berço do filho.*

12. Acreditar no trabalho em equipe.
13. Acreditar no suporte da Alta Administração.
14. Não subestimar as tarefas ou os obstáculos.
15. Manter o foco no que é relevante.
16. Manter a visão de conjunto, assegurando a integridade e o avanço do todo.
17. Assegurar a legalidade dos atos, mesmo tendo que quebrar algumas regras ou procedimentos. Nunca abrir mão de um advogado.
18. Escolher os advogados com postura construtiva, que ajudam na lista do que é possível. Em geral, os advogados são hábeis em definir o que não é possível de ser feito (a lista do "não pode", quando se espera a lista do "pode", de como contornar situações aparentemente intransponíveis).
19. Estar preparado para ouvir comentários do tipo:
    - *"... seu otimismo chega às raias da irresponsabilidade";*
    - *"... é bom sonhar, mas vamos tratar da nossa realidade, porque isso ainda não é para o nosso bico";*
    - *"... esquece, porque a outra parte jamais vai aceitar esta sua proposta";*
    - *"... isto só é possível de acontecer na sua cabeça dura".*
20. Ter a capacidade de se indignar com as propostas indecentes, internas e externas à organização.

21. Conhecer bem os estatutos e processos decisórios da sua empresa, a fim de definir as estruturas adequadas e possíveis para viabilizar a operação.

22. Estar preparado para seguir atalhos e mudanças de rumo durante o processo.

23. Ter capacidade de interagir com a Alta Administração, propiciando um ambiente de "cumplicidade" quanto aos objetivos a se atingir; e assegurar o alinhamento entre as orientações corporativas e as ações necessárias para a implementação do projeto.

24. Ser capaz de não se abalar com os próprios erros e, muito menos, com os erros dos outros. Cada dia tem que ser visto como um novo desafio.

O Negociador e o Processo de Negociação

Fazendo uma metáfora, pode-se dizer que o comportamento de um negociador é semelhante ao de uma aranha, pela forma como constrói sua teia (estratégia de negociação) e atrai sua "presa", com atrativos e moedas de troca. A única diferença é que o negociador, ao contrário da aranha, tem que manter sua presa viva, para negociar e concluir a operação.

Ou seja, o bom negociador tem que conhecer os próprios limites e os objetivos da outra parte para definir a sua estratégia, atrair o seu alvo e, desta maneira, assegurar o avanço da operação. O objetivo, neste caso, é estabelecer uma lógica de criação de valor para a outra parte que seja suficiente para assegurar o seu interesse no negócio. Ao mesmo tempo, o negociador tem que criar situações que dificultem o recuo da outra parte quanto às concessões já feitas e à decisão de venda. Tudo isso sem perder de vista as questões éticas e a clara noção de valor durante o processo de negociação.

Esse processo requer da equipe e, principalmente, do líder do grupo de negociação algumas características como resistência física, perseverança, presença de espírito, visão sistêmica, determinação, ousadia e equilíbrio emocional. A negociação impõe momentos difíceis para o negociador e sua equipe. As pressões, indefinições e elevado nível de expectativa quanto ao resultado da operação exigem decisões solitárias, baseadas na confiança e no suporte que o negociador espera de seus superiores.

Embora o negociador seja demandado a atuar em áreas de conhecimento específico (finanças, tributos, aspectos legais, ambientais, recursos humanos), deve reconhecer que não precisa saber de tudo, mas ser capaz de identificar onde está o conhecimento ou o recurso necessário. O sucesso da operação, que é o resultado de um processo de troca de interesses, está, em grande medida, associado à capacidade do negociador em conhecer bem a outra parte. Isto inclui, mas não se limita, ao conhecimento do objetivo do negócio para o vendedor, seus desejos, sua percepção de valor, suas restrições, o destino que dará aos recursos decorrentes da operação e a linguagem que adotará durante o processo. Este conhecimento e outras características associadas à habilidade de negociar permitem ao negociador estruturar o processo e criar os atrativos e as moedas de troca para a efetivação do negócio mais vantajoso para a sua empresa.

O processo de negociação, entretanto, deve ser visto sob duas perspectivas: a da negociação com a parte vendedora, visando maximizar o valor da operação para os acionistas e demais partes interessadas; e a da negociação no âmbito da própria empresa compradora. As dificuldades internas serão tão maiores quanto menor for a presença de uma liderança, propiciando disputas internas e indefinições estratégicas. É muito freqüente que os processos internos de negociação sejam mais difíceis que os externos, em empresas nas quais os aspectos políticos ou familiares têm grande influência.

Por outro lado, a equipe que dá suporte ao negociador deve estar bem preparada. Tudo se inicia com a construção de uma visão global sobre o que se pretende alcançar naquela rodada, o que é possível ceder e o que não é aceitável. É necessário que se estabeleça um código de conduta a fim de evitar o desentendimento, e, conseqüentemente, um enfraquecimento do negociador perante a outra parte. A equipe deve estabelecer a forma de atuação, prevendo possíveis paradas. É importante estabelecer alguns sinais ou gestos que devem ser usados durante as reuniões para que o líder do processo possa percebê-los e, se for o caso, fazer as intervenções necessárias para o reencaminhamento das discussões ou solicitar uma interrupção para possíveis análises e reposicionamento dentro da sua equipe.

Embora os consultores, bancos e advogados desempenhem um papel fundamental na negociação, a empresa (na figura do gerente-negociador) não pode perder o controle da negociação, dentro do princípio de que o conhecimento do negócio e a capacidade de avaliação da aderência estratégica da transação são da esfera da própria empresa. Há casos, entretanto, que a empresa delega totalmente o processo de aquisição a terceiros, bancos de investimentos ou consultores especializados. Assim sendo, a empresa acompanha o processo de negociação a partir da definição dos valores e parâmetros esperados para as várias dimensões do negócio em questão.

Um outro aspecto importante no processo de negociação é o ambiente no qual ela vai transcorrer. Em primeiro lugar, o negociador jamais deve considerar que as rodadas de negociação serão iguais. Logo, tem que estar atento e se antecipar na preparação do ambiente que seria mais adequado, sob a sua ótica, para uma determinada rodada de negociação. E, quando não for possível, ele tem que estar preparado para verificar a influência que o ambiente escolhido e/ou preparado pela outra parte pode trazer para o alcance dos seus objetivos.

O ambiente montado para fechar um ponto importante do processo é completamente distinto do ambiente que deve ser preparado para quando se deseja apenas ganhar tempo no processo ou reabrir pontos já negociados. Assim sendo, a duração da reunião, o local de realização, a qualidade das instalações, as facilidades que serão disponibilizadas, o nível de conforto oferecido e a postura a ser adotada durante a reunião são elementos essenciais para auxiliar o processo.

O resultado do processo de negociação estará sempre associado à capacidade de fazer a outra parte enxergar valor naquilo que lhe é oferecido, em troca daquilo que você deseja alcançar. Portanto, defina claramente o que quer obter e o que pode oferecer em troca e não se esqueça de "pintar de ouro" e "cravejar de brilhantes" o que irá oferecer.

Resumindo: numa lista de procedimentos necessários para um processo de negociação, devem-se basear nos seguintes princípios:

1. Estabelecer um processo de negociação que assegure o avanço permanente da operação, mesmo que isto signifique deixar temas abertos para fechamento posterior.
2. Atuar sempre no sentido de reduzir a percepção e expectativa de valor da outra parte, sem perder de vista o limite do razoável (mercado), sob pena de pôr tudo a perder.

3. Ter clareza de seus limites pessoais, organizacionais e dos riscos ao assumir posições, considerando o nível de suporte que a organização lhe oferece.

4. Construir ao longo do processo suas rotas de fuga, a fim de poder suspender ou sair do negócio.

5. Criar situações que impeçam ou dificultem o recuo da outra parte quanto às concessões já feitas e à decisão de vender.

6. Estar preparado para dar um basta no processo e levantar da mesa, dando por concluída a negociação.

Os Erros Mais Freqüentes do Gerente e do Negociador

A complexidade da operação, o ambiente que se cria em torno, as limitações pessoais do gerente condutor da operação, o cronograma denso e apertado e o número de pessoas e empresas de consultoria envolvidas são ingredientes que propiciam a geração espontânea de erros, embora involuntários, durante o processo.

Por isso, a experiência acumulada em projetos anteriores deve ser compartilhada, no sentido de antecipar ações que possam evitar os erros mais freqüentes. Embora haja uma infinidade de áreas e razões para a geração de erros, vamos destacar os que estão diretamente associados à atuação do gerente do projeto:

1. Permitir que sua vaidade ou de seus superiores prevaleça no processo de decisão.

> *... Era o início de uma nova operação, naquela fase em que as partes estão se conhecendo e trocando impressões sobre as experiências e trajetórias profissionais. Nesta ocasião, um gerente (negociador) mencionava a oportunidade de ter acabado de concluir uma transação de algumas centenas de milhões de dólares, quando o interlocutor, num tom entre a admiração e a ironia, disse: "Então, isso significa que, se tivermos sucesso nessa operação, sua vida estará resolvida, pelo menos do lado financeiro". Ou seja, o interlocutor concluiu que o gerente teria ganho um belo bônus pela transação mencionada e que, considerando a ordem de grandeza da operação que se iniciava, receberia um valor ainda maior, que resultaria na tal independência financeira. Ao ouvir o comentário, a primeira reação do gerente foi de*

> *vontade de dar uma boa risada porque, ao contrário do que o interlocutor imaginava, o valor que ele havia recebido pela tal transação mal daria para trocar de carro. Mas, depois, ao contar o episódio para um amigo, não pôde deixar de sentir uma certa satisfação ao perceber o valor (mesmo imaginário) que o interlocutor – um negociador experiente – havia dado ao referido trabalho.*

2. Imaginar que pode fazer tudo e que o sucesso da operação só depende dele.
3. Acreditar que as equipes de trabalho compartilharão informações espontaneamente.
4. Permitir a divulgação de informações preliminares, criando expectativas desnecessárias.
5. Permitir o desvio do foco preestabelecido para atender demandas paralelas que surgem das várias áreas de negócio. Estas demandas pretendem antecipar as análises que serão necessárias no futuro próximo.
6. Deixar-se influenciar pela onda pessimista e alarmista que surge à medida que o projeto avança, em decorrência da visão parcial da operação.
7. Negligenciar a disponibilização de condições adequadas para o desenvolvimento das atividades e o bem-estar das equipes.
8. Subestimar o volume das demandas de deslocamentos e outros recursos durante o projeto.

> *... a equipe com oito pessoas saiu do Brasil, no domingo à noite, rumo à Europa. O grupo chegou a seu destino na manhã seguinte, às 11 horas da manhã. Às duas da tarde, o grupo já estava no escritório para a reunião com a outra parte, que se estendeu até a uma hora da madrugada. Nesse momento, o grupo foi di-*

> *vidido: uma parte foi descansar (entenda-se por isso: um breve descanso) e a outra continuou trabalhando até a manhã de terça-feira. Às nove da manhã, a equipe da outra parte (vendedora) já estava a postos, para a continuação da reunião, que foi retomada pelo grupo que tinha descansado (o que trabalhou madrugada adentro, foi descansar – aquele brevíssimo descanso). Ao meio-dia, esse grupo se juntou à reunião, que seguiu direto até às sete da noite. Dali, o grupo todo partiu direto para o aeroporto, porque pegaria o vôo das nove e meia da noite para Nova Iorque, para mais uma reunião de negociação daquela operação. A equipe chegou à cidade americana às sete da manhã e foi direto para a reunião programada para as nove horas. Mais um dia inteiro de negociação, análises, embates e, na mesma noite, a volta apressada para o aeroporto para, enfim, pegar o vôo de volta para o Brasil. Durante os três dias entre Europa, Estados Unidos e reuniões, viajando em classe econômica, o grupo praticamente só se alimentou com lanches e sanduíches. Mas voltou com bons resultados, para compensar a maratona.*

9. Subestimar o risco da postura inadequada das equipes perante o pessoal da empresa-alvo.
10. Negligenciar a necessidade de um plano de ação.
11. Permitir o surgimento de "estrelas", em detrimento do esforço coletivo.
12. Desconsiderar o embarque, nos últimos momentos, dos chamados "pais da criança" ou "donos" do projeto.
13. Desconsiderar o risco de conflitos entre as pessoas e/ou equipes.
14. Abrir mão da indicação da sua equipe básica, que atuará como cúmplice e conselheira em todos os momentos da operação.

O Papel do Banco de Investimentos

O papel do banco de investimentos é fundamental na estruturação e análise do negócio, visando a extrair o máximo de valor para a empresa que está atuando. No desempenho do seu papel, o banco terá participação nas diversas etapas do processo, destacando-se:

1. Validação dos indicadores macroeconômicos e específicos do negócio, que serviram de base para as avaliações.
2. Elaboração do modelo de avaliação.
3. Definição da faixa de valor a ser negociada.
4. Avaliação dos impactos dos aspectos financeiros no valor aquisição.
5. Definição da estrutura da aquisição.
6. Validação dos resultados do processo de *due diligence*.
7. Definição da estrutura de pagamento e *funding*.
8. Negociação das garantias e mecanismos de compensação que deverão compor o contrato de compra.

Por serem muito importantes, os termos da contratação e monitoramento do desempenho do banco devem ser objeto de muita atenção e cuidado, tais como:

1. Estabelecer critérios para selecionar o contratado.
2. Definir o escopo da contratação, deixando claro o que se deseja do contratado e, se possível, já definir os produtos e formatos esperados (relatórios de progresso da operação, modelo de avaliação, apresentações, análises específicas, fornecimento de *fairness opinion* etc.).

3. Assegurar parecer jurídico para a contratação.
4. Definir a forma de contratação (serviço, hora, mista, limite de valor *cap*).
5. Estabelecer os mecanismos para assegurar a qualidade, o controle do serviço prestado e o orçamento previsto.
6. Definir, em contrato, a equipe que estará envolvida diretamente, se possível associando os nomes às várias etapas.
7. Definir claramente o papel do contratado no processo de *due diligence*, estabelecendo o grau de comprometimento com a validação das informações e os resultados do processo.
8. Definir a forma e os valores de reembolso das despesas com outros consultores.
9. Definir a forma e os valores de reembolso de despesas de transporte, hospedagem e alimentação (*out of pocket*).
10. Definir a forma e os valores relativos ao pagamento antecipado de valores pelo trabalho realizado (*retain fee*).
11. Definir a forma e os valores de pagamento da *success fee*, se houver.

Em geral, os bancos não querem assumir qualquer compromisso com a validação, legitimidade e/ou confiabilidade das informações. Mas não se deve admitir que o banco desempenhe apenas um papel de "piloto de planilhas", limitando-se a introduzir informações nas planilhas de avaliação sem realizar uma adequada análise crítica das mesmas. Outra dificuldade dos bancos está associada ao nível de conhecimento específico do negócio que está sendo avaliado.

Por estes motivos, é fundamental estabelecer, antes de firmar o contrato, o grau de comprometimento com as análises e a validação das informações. Não subestime esta tarefa, porque ela é fonte de muitos aborrecimentos e sustos ao longo do processo. Estabeleça também, desde o início, o grau de abertura que deve ter o modelo de avaliação. A sugestão é entender o modelo nos detalhes. Isso significa envolver seu pessoal na construção do modelo a ser adotado.

É normal haver mudanças de premissas e dados ao longo do processo, o que dá origem a vários problemas. A sugestão é estabelecer um processo de rastreamento de dados, premissas e versão do modelo que permitam identificar o que mudou e por que mudou, ao longo do processo.

Outro aspecto importante a ser definido com o banco é o *success fee*. A definição do *success fee* requer uma análise cuidadosa. Normalmente é pago ao banco um percentual do valor total da operação; logo, o *success fee* pode-se transformar numa grande armadilha. Há um potencial conflito de interesse entre o banco e a empresa que o contratou, na medida em que o interesse da empresa é pagar o menor valor pela empresa-alvo e, o do banco, receber o maior valor pelo trabalho realizado. Dentro desta lógica, é de se esperar que não haverá motivação para o banco trabalhar no sentido de reduzir o valor do negócio, uma vez que isso significa reduzir seu ganho.

A solução, provavelmente, é estabelecer uma taxa para o *success fee* progressiva, na proporção da redução do valor a ser pago pelo negócio. A sugestão é a de se estabelecer os percentuais para o *success fee* dentro de faixas de valores possíveis para a operação, associando sempre o maior valor a receber pelo banco, dentro daquela faixa, à sua capacidade de contribuir para o alcance do menor valor a ser pago pela operação. Ou seja, o valor do *success fee* a ser pago ao banco dentro da faixa é inversamente proporcional ao valor a ser pago pela operação.

A contratação deve ainda considerar fatores como a reputação do banco, a experiência em operações semelhantes e a capacidade da equipe. Além disso, é preciso verificar o mercado das contratações antes de estabelecer os valores do contrato.

Embora exijam grandes cuidados, a contratação e o monitoramento do desempenho do banco – quando a escolha é acertada – trazem uma contribuição fundamental, que faz a diferença na implementação da operação. O banco efetivamente aporta uma competência e visão global do processo, permitindo um adequado posicionamento perante a outra parte, seja nas mesas de negociação, seja nas análises de aderência estratégica do negócio.

O Papel dos Advogados

Assim como os representantes do banco de investimentos, os advogados devem ser envolvidos desde o início do processo. O apoio jurídico é fundamental para assegurar a legalidade da operação, a qualidade na estruturação financeira e societária e a eficácia na adoção dos mecanismos decorrentes da negociação. É igualmente importante o suporte dos advogados nos inúmeros processos de contratação de apoio externo (consultores, banco e outros advogados) durante a operação de aquisição.

Os advogados são verdadeiros conselheiros e representam a garantia de que a empresa-alvo será analisada criteriosamente, dentro das várias dimensões do processo de *due diligence*. Eles atuam em aspectos fundamentais para o sucesso da operação: examinam todas as questões relacionadas aos órgãos externos de regulamentação e controle da competição e auxiliam no tratamento das possíveis ações judiciais que podem advir da operação.

Em última análise, a qualidade do trabalho dos advogados estará refletida no dia-a-dia após o fechamento da operação. Um trabalho bem feito pelos advogados assegura a tranqüilidade para os dirigentes envolvidos na operação quanto às suas práticas e a seus atos para viabilizar o negócio, e também no que diz respeito à qualidade das garantias e mecanismos para recebimento das compensações previstas no contrato final.

Quanto à contratação dos advogados, cabem aqui as mesmas considerações sugeridas para os bancos de investimentos.

Parte III:
Materialização da Operação

O Processo de *Due Diligence*
Organização para Realização do *Due Diligence*
Estrutura Societária da Aquisição
Formas de Pagamento
Proteções Cambiais e Contábeis *(Hedges)*
Negociação dos Termos Finais
Construção do Contrato de Aquisição

Por melhores que sejam os argumentos de aderência estratégica e percepção de sinergias que a empresa-alvo apresenta, a operação só será concluída se as equipes que estão trabalhando no projeto forem capazes de demonstrar isso com fatos e dados, transformando em números ou evidências as motivações que levaram ao processo de aquisição. Para tanto, é necessário assegurar um adequado processo de *due diligence*, definir a estrutura societária da aquisição e a forma de pagamento, bem como estabelecer em contrato um nível adequado de garantias com respeito aos passivos e contingências das diversas naturezas.

Embora fundamentais em um processo de aquisição, não deixe que as visões operacional e financeira prevaleçam sem considerar os aspectos culturais e o capital humano que estão envolvidos. Em realidade, o capital intelectual que se está incorporando com a aquisição, em geral não faz parte da conta a ser paga, embora seja este o grande valor que se agrega.

> *... o corpo gerencial da empresa-alvo estava iniciando mais uma apresentação para a equipe da empresa compradora, quando uma colega de trabalho, membro da equipe compradora, puxa o gerente num canto e diz: "Me faz um favor... Não sugira a compra desta empresa à nossa administração". O gerente quis saber por que e ela respondeu, candidamente: "Nós vamos estragar esta empresa". Mais tarde, longe dos olhares e ouvidos atentos dos representantes da empresa-alvo, ela esclareceu seu comentário: "Fiquei surpresa com a qualidade técnica e gerencial deles e achei que, caso fechássemos a operação de compra, teríamos muito que aprender com aquela equipe" (da empresa-alvo).*

O Processo de *Due Diligence*

O *due diligence* é a etapa na qual se procura identificar a real situação da empresa-alvo e analisar os riscos da operação, de forma a definir o valor da transação sob a ótica das várias partes interessadas no negócio. É a etapa de maior impacto em todo o processo de aquisição, propiciando os fundamentos para a negociação dos termos finais da operação e planejamento das ações pós-fechamento. Vários estudos têm demonstrado que a causa do insucesso da maioria das aquisições que não corresponderam às expectativas foi um processo de *due diligence* inadequado, seja em escopo seja em profundidade das análises.

Este processo consiste em checar e aprofundar as informações apresentadas no *data room* e investigar minuciosamente os processos, as práticas, os livros e registros, internos e externos, relacionados às várias áreas-chave da empresa. A definição do que é área-chave pode fazer a diferença no resultado do *due diligence*, uma vez que definirá o foco onde os esforços devem ser aplicados, assegurando a análise do que é fundamental para o processo de aquisição.

Portanto, esta etapa deve ser rigorosamente planejada, considerando o tempo previsto (normalmente curto), o escopo e a necessidade de recursos para sua viabilização. Seu planejamento deve ser robusto o suficiente para superar as mudanças de enfoque e demandas fora do escopo, além de prever tempo para aprofundamento nas análises de discrepâncias de informações ou surpresas encontradas durante o processo.

> *... um grande quebra-cabeça começava a ser armado, através do* due diligence, *para retratar a verdadeira empresa que estava sendo adquirida. Era a segunda semana de negociação e, naturalmente,*

> *como num quebra-cabeça em início de montagem, as partes analisadas pelas várias equipes da empresa compradora pareciam não ter nenhuma relação entre si. A sensação do grupo era de que nunca conseguiria as informações necessárias sobre a real situação da empresa que estaria sendo adquirida, dentro do prazo estabelecido para o due diligence: 45 dias. O desafio era o de estar com o relatório pronto no quadragésimo dia de negociação. Diante disso, a equipe – de cerca de 80 pessoas – começou a ficar tensa e ansiosa, o que dificultava o andamento do trabalho. Nesse momento delicado, a atuação dos líderes é fundamental: percebendo a dificuldade geral, o coordenador do due diligence e o gerente do projeto desenvolveram um ambiente de mais integração entre as equipes, com a realização de mais reuniões e trocas de informações entre os diversos setores envolvidos. A partir de então, o processo realmente deslanchou, as pessoas puderam dar o melhor de si e a primeira versão do relatório acabou saindo em 30 dias! Ou seja, graças à percepção da dificuldade e à adoção de medidas que reforçaram o trabalho em grupo, as equipes conseguiram realizar o que, até duas semanas antes, parecia impossível.*

É durante o *due diligence* que o comprador tem a real oportunidade de avaliar as várias dimensões do objeto de sua aquisição e validar a aderência estratégica que o motivou a fazer o negócio. O *due diligence* é um processo complexo, que exige muitos cuidados.

- Conhecer e entender os mecanismos e práticas adotados nas diversas áreas.
- Validar as premissas e os dados adotados no modelo de avaliação que possibilitaram a apresentação da proposta inicial de valor, visando à sua confirmação ou revisão, caso necessário.

- Identificar os fundamentos para validar a análise de aderência estratégica que motivaram a escolha para aquisição.
- Identificar se há algo material que justifique a descontinuidade do processo.
- Criar os fundamentos para a negociação do preço final.
- Criar os fundamentos para o estabelecimento de mecanismos de proteção e responsabilidade entre as partes pós-fechamento (contrato final).
- Iniciar o processo de identificação e quantificação das sinergias entre as empresas.

Problemas associados ao processo de *due diligence* podem resultar no fracasso da transação, como por exemplo:

- Subestimar a importância e complexidade do *due diligence*.
- Permitir demandas externas que prejudiquem a implementação da investigação planejada.
- Subestimar a capacidade da parte vendedora de criar situações para mascarar ou dificultar o processo de investigação e análise.

> *... as equipes estavam mobilizadas para iniciar o processo de* due diligence *e as partes já haviam acordado os procedimentos, o escopo, o local de trabalho e tudo o que era necessário ao desenvolvimento do processo. Entretanto, na prática, nada avançava, em função da postura do vendedor de dificultar, atrasar ou mesmo inviabilizar a realização do* due diligence. *O nível de informação disponibilizada era da pior qualidade, impossibilitando a equipe de avançar na análise do real estado da empresa. Além disso, ao contrário do que havia sido acordado, as instalações disponibilizadas para o trabalho das equipes eram incompatíveis em tamanho e recursos, além do des-*

> *cumprimento dos cronogramas previamente negociados. Como costuma acontecer nesse tipo de operação – quando os donos e acionistas da empresa vendedora não esclarecem os seus funcionários sobre a realização e os benefícios da operação –, o corpo técnico da empresa resistia à venda. Resumindo: o vendedor tinha armado uma estratégia para esconder o jogo. Como os integrantes da equipe compradora estavam no seu limite, sentindo-se desrespeitados como profissionais, tomaram uma decisão drástica: interromperam os trabalhos até que uma revisão nos procedimentos fosse implementada. Depois dessa reunião, a equipe compradora conseguiu alguns ajustes e cumprimento de certos acordos, mas não no nível desejado. E a negociação prosseguiu nesse clima de resistência e desconfiança, o que significava mais trabalho para a equipe compradora.*

- Alocar pessoal não qualificado para a execução do *due diligence*.
- Não definir claramente o nível de autonomia do gerente e coordenadores do processo.

O *due diligence* deve ser projetado a partir de uma definição clara, entre as partes, das regras e do escopo do processo antes de ele se iniciar. Para isso, é necessário:

- Definir o nível de informações e dados que serão disponibilizados para análise da empresa, subsidiárias e coligadas.
- Definir cronograma de avaliação do processo com os representantes do vendedor.
- Estabelecer a forma de acompanhar as operações da empresa com o objetivo de avaliar possíveis mudanças na situação da empresa-alvo durante o processo de *due diligence*.

- Definir o processo de entrevistas (quem e quando, com flexibilidade).
- Estabelecer o nível de acesso a arquivos e bancos de dados.
- Definir o local de realização (instalações e facilidades).
- Definir os recursos de comunicação que serão disponibilizados.
- Definir a língua adotada pelas partes.
- Definir as áreas que serão visitadas.
- Definir a alocação de apoio logístico (passagens, deslocamentos entre unidades, hospedagem, assistência médica etc.).
- Definir os interlocutores de cada parte.

É um equivoco considerar o processo de *due diligence* apenas sob a ótica dos aspectos financeiros. A abordagem deve ser ampla, considerando os efeitos nas várias partes interessadas no negócio.

É crucial que as informações sejam examinadas dentro de uma perspectiva de comportamento histórico, a fim de estabelecer as referências quanto ao que significa giro normal de negócios. Esse procedimento evita ações predatórias nos momentos que antecedem a formalização da transação.

De forma discreta, porém efetiva, deve-se estabelecer medidas para possibilitar o monitoramento das práticas gerenciais e controle de entrada e saída de bens (material de almoxarifado, móveis, equipamentos administrativos, objetos decorativos) da empresa durante o período de negociação e realização do *due diligence*.

Organização para Realização do *Due Diligence*

A organização é um dos elementos-chave para o sucesso do *due diligence* e é constituída basicamente de duas dimensões: a estrutura e os procedimentos que definirão a forma como o processo irá se desenvolver.

O dimensionamento das equipes estará associado ao tamanho, à distribuição geográfica e à complexidade da empresa-alvo, ao grau de conhecimento prévio desta empresa e à duração prevista para realização do *due diligence*. Apenas para efeito de referência: o processo de *due diligence* numa empresa de médio porte (que atua em apenas um país), com previsão de 60 dias de duração, pode envolver cerca de 40 pessoas. Em determinados momentos, este contingente passa a ser de 80 pessoas, entre profissionais do comprador e consultores. Em empresas grandes, que atuam em vários países, estes números variam entre 80 e 140 pessoas.

> ... naquela negociação, já havia se perdido a conta do número de emissões de autorizações de viagem. Esse número incluía, entre outras providências, a reserva do vôo de ida e volta, a reserva de hotel e todo o trabalho de prestação de contas de pessoas de diversos órgãos da companhia. No comando dessa verdadeira "empresa de viagens" estavam quatro "bravas" secretárias, sempre de bom humor, atendendo a todas as demandas e assegurando a presença das pessoas nos diversos países onde as atividades se desenvolviam – nos momentos de "pico", elas administravam as viagens e estadas de cerca de 180 pessoas envolvidas na operação. As secretárias desempenharam um papel vital na viabi-

> lização da operação porque tinham sido esclarecidas sobre a importância do negócio e também por serem consideradas um elo fundamental na equipe. Ou seja, numa operação desse porte, é preciso ter cuidado – e carinho – com todos os funcionários envolvidos, independentemente do seu nível hierárquico. E não se esquecer de que o processo pode falhar nos elos aparentemente mais frágeis dessa cadeia.

Definida a estrutura organizacional, é necessário estabelecer os procedimentos que deverão ser seguidos pelas equipes, com vistas à descentralização e agilidade na execução das inúmeras atividades. Neste sentido, todos os esforços devem ser feitos para que os profissionais da empresa e consultores conheçam e utilizem os procedimentos formais e informais que abrangem, mas não se limitam, aos seguintes aspectos:

- Definir a forma de abordar as pessoas da empresa-alvo durante o processo (evitar a postura investigativa e estimular a co-operação).
- Definir o papel dos coordenadores.
- Caracterizar a informação-chave para validação da avaliação (foco nos pontos vitais).
- Definir o mecanismo de solicitação de informações.
- Definir a organização da informação, visando o rastreamento das ações pós-aquisição.
- Matriz de inter-relacionamento entre as diversas disciplinas (equipes).
- Definir sistemática de avaliação do processo, estabelecendo cronograma de reuniões para avaliação da integração das informações e avanço do processo, compatibilizando também a profundidade da análise com o tempo disponível.
- Modelo de relatório.

- Regime de trabalho.
- Posicionamento diante de um conflito ou grande dificuldade.

Com base nestas orientações, os coordenadores das diferentes equipes deverão estabelecer a forma de conduzir suas atividades. Isso assegurará a agilidade e a flexibilidade que o processo exige.

O resultado esperado vai bem além do relatório rico em fatos, que possibilite a fundamentação do processo de negociação para definir os valores a serem pagos e as garantias a serem conquistadas. A equipe deverá ter criado um consenso sobre o real valor e riscos associados à empresa-alvo. Este conhecimento será também muito importante na condução do negócio após a aquisição.

Estrutura Societária da Aquisição

Ainda durante o processo de *due diligence*, após as primeiras análises para validar a aderência estratégica da operação e avaliar o potencial impacto e conseqüências dos passivos e contingências da empresa-alvo, a empresa compradora deverá posicionar-se quanto à continuidade do processo e dar início ao processo de definição do veículo da aquisição, ou seja, a empresa que será detentora dos ativos ou ações objeto da aquisição e da estrutura societária associada.

A definição da estrutura societária deve ser resultado de uma análise criteriosa sobre os efeitos tributários que incidirão na aquisição propriamente dita, que podem ser significativos e a captura das sinergias fiscais e tributárias das operações da empresa compradora e da empresa alvo, após a aquisição, além da análise de alternativas societárias que possibilitem a redução da tributação nas futuras operações de financiamento (empréstimos) para a nova empresa (geralmente estará previsto um plano de investimentos) e/ou distribuição de dividendos. Legislações, regulamentos e acordos tributários relativos às operações e aos países onde estarão estas operações e as empresas envolvidas durante e depois da aquisição são algumas das dimensões que devem suportar estas analises, objetivando identificar a estrutura mais adequada, considerando os seguintes aspectos:

- Tratamento quanto ao imposto sobre a renda ou lucro.
- Tratamento quanto ao imposto patrimonial.
- Tratamento sobre os dividendos e suas remessas para os países de interesse da empresa controladora.
- Tratamento sobre o ganho de capital na aquisição das ações e na possível venda posterior.
- Tratamento sobre o aporte de capital nas empresas.

- Tributação sobre as operações de financiamento (empréstimos bancários ou *inter-companies*).
- Exigências quanto aos representantes das empresas no exterior, se for o caso.

Além da análise para definição da estrutura mais adequada para a operação, deve-se levar em consideração alguns outros aspectos, do tipo:

- Necessidade de capitalização da empresa para efetuar a compra.
- Procedimentos relacionados à remessa de divisas para o exterior (Banco Central e CPMF).
- Processo de criação das empresas no exterior.
- Escopo da atuação das empresas que serão criadas visando às operações de fusão e/ou de investimentos futuros.
- A equipe que vai definir a estrutura e o apoio externo (advogados, contadores, tributaristas e financeiros).
- Definição dos nomes para as estruturas gerenciais das empresas.
- O efeito da estrutura sobre os financiamentos existentes das empresas envolvidas.
- Os efeitos sobre as subsidiárias e controladas já existentes e adquiridas.
- A cronologia, os tempos dos eventos societários e as respectivas autorizações para viabilizar o cronograma da aquisição como um todo.
- O nome das empresas.

Outro aspecto importante na definição e implementação da estrutura de aquisição é assegurar que as equipes que estão trabalhando na definição da estrutura interajam com a equipe que está construindo o contrato de aquisição para assegurar que o mesmo incorpore as provisões legais e societárias para viabilizar a efetiva implementação da estrutura proposta, que incluem, porém não se limitam, a leis comerciais nos países que podem afetar a transação, quem são as pessoas autorizadas a representar as pessoas jurídicas (e as sub-rogações pertinentes) que efetivarão a aquisição e o processo de transferência dos valores (à vista ou diferido) associados à operação.

Formas de Pagamento

A forma de pagar tem uma influência direta no processo de aquisição. Por isso, é um assunto que tem de ser abordado o mais cedo possível pelas partes, para definir qual a estrutura de negócio mais adequada e evitar problemas na implementação do pagamento e recebimento do objeto da transação.

A forma de pagar está diretamente associada ao tipo de moeda e ao mecanismo de transferência dos valores preestabelecidos. Quanto ao tipo de moeda, só existem duas: dinheiro vivo (*cash*) ou bem com valor associado. Neste caso, podem ser ações, ativos, créditos e qualquer outra coisa a que se possa associar um valor que seja aceito pelo vendedor.

Dentre os mecanismos ou formas de pagamento, a mais simples é em (*cash*) transferência direta do valor acordado, numa única parcela, quando é feita a transferência do objeto da aquisição. Nesta forma de pagamento, a única preocupação do vendedor é se certificar, no contrato final, de que o comprador está habilitado para realizar a transação, capacitado financeiramente para efetuar o pagamento e apto a cumprir com suas obrigações decorrentes da transação. Por outro lado, o comprador deverá certificar-se de que está recebendo o objeto da transação, ciente do estado em que se encontra.

Qualquer coisa diferente de dinheiro vivo, pago à vista, resultará num processo de análise para ajustar a percepção sobre o valor relativo da moeda que está sendo oferecida e a efetivação de outros mecanismos para assegurar o recebimento dos valores estabelecidos pelas partes. Isso implicará um contrato final com condições de pagamento que incluem um número substancial de representações e garantias (*Representations and Warranties*) relacionadas às partes.

No caso de a transação ser dada como concluída (transferência de valores) antes das aprovações necessárias, as partes devem estabelecer mecanismos de proteção mútua, principalmente se existir a possibilidade de *unwind*, ou seja, necessidade de desfazer a operação. O vendedor deve-se assegurar de que o objeto da transação não será deteriorado até que as aprovações sejam emitidas. Por outro lado, o comprador deverá estabelecer um mecanismo que assegure a devolução dos valores já transferidos. Uma das formas de assegurar o recebimento dos valores já pagos é o uso de cartas de crédito.

> *... foi então que surgiu um impasse: e se a operação não fosse aceita pelo órgão de defesa da concorrência? Como assegurar que o montante pago no ato da assinatura do contrato final, que era de algumas centenas de milhões de dólares, seria devolvido? Nessas horas, é preciso encontrar, rapidamente, soluções alternativas (e criativas). Depois de algumas horas de discussão interna, a equipe da parte compradora propôs emitir uma carta de crédito a seu favor, em um banco de primeira linha, com resgate automático no caso de a operação não ser aprovada pelas autoridades nas condições previamente aprovadas. Assim foi feito e a garantia da empresa compradora foi resguardada.*

No caso de o pagamento ser feito em ações, é necessário definir a relação de troca que provavelmente envolverá um processo de avaliação da empresa à qual pertencem as ações. Essa medida tem o objetivo de assegurar o valor e a liquidez das ações que estão sendo ofertadas como forma de pagamento.

A situação se complica um pouco mais quando se pretende efetuar o pagamento tendo como moeda um outro negócio ou um conjunto de negócios. Neste caso, estamos falando de dois ou mais processos de aquisição ocorrendo em paralelo. Esta forma de pagar vai exigir processos de *due diligence* nos negócios, de lado a lado. É difícil estabelecer os valores relativos dos negócios em análise. Por este motivo, em operações desta natureza, é comum estabelecer valores de referência e mecanismos de ajustes de valor ao longo de um período, para corrigir diferenças materiais e assegurar o equilíbrio da transação.

Os mecanismos de compensação futura devem, quando possível, se basear em informações de entidades independentes, para evitar possíveis manipulações pelas partes. Este procedimento também resultará num trabalho adicional na elaboração do contrato final, à medida que implica prever eventuais mudanças na divulgação das informações necessárias para o cálculo dos ajustes, bem como a forma de interpretar tais informações. Este, aliás, é um excelente campo para disputa judicial ou arbitragem futura; logo, deve ser evitado. Caso seja preciso utilizar estes mecanismos, defina claramente qual será o órgão externo e independente responsável pela aplicação do mecanismo e conseqüente apuração dos valores devidos pelas partes.

> ... *"nós também não concordamos com os valores que vocês estão projetando para as margens no varejo"*, *contestava uma das partes. E, ao final de uma longa discussão quanto aos cenários, as partes decidiram estabelecer um valor de referência e um mecanismo de ajuste futuro, de lado a lado, para viabilizar o fechamento da operação. Isso significou uma disputa na aferição de tais ajustes por muito e muito tempo. O problema é que esse "muito tempo" representa uma considerável perda de valor para as duas partes.*

Em algumas situações, o valor do objeto da transação (negócio) não está claro para as partes, seja pelo fato de se tratar de uma empresa jovem, seja em decorrência de mudanças no cenário externo que impossibilitam a definição do seu valor no momento da transação. Nesses casos, é normal que as partes negociem um mecanismo chamado *earn out*, que condiciona um pagamento adicional ao preestabelecido, dependendo da performance futura do negócio.

Proteções Cambiais e Contábeis (*Hedges*)

Em operações de aquisição, há sempre que se considerar as proteções (*hedges*) que estão associadas às mudanças potenciais no cenário macroeconômico dos países onde a empresa desenvolve seus negócios e/ou está subordinada legalmente. A observância e a adequada avaliação desses riscos possibilitarão ao comprador estabelecer, em tempo hábil, os mecanismos que evitem ou minimizem a destruição de valor do negócio adquirido e os impactos nas demonstrações contábeis consolidadas.

Hedge *Cambial*

O efeito da desvalorização cambial nas operações e nos contratos da empresa-alvo vai definir a sua capacidade de continuar gerando caixa em moeda forte. O efeito será tão mais devastador quanto maior for o endividamento em moeda forte, enquanto suas contas a receber são em moeda local (desvalorizada).

O resultado da análise dos riscos cambiais pode resultar numa redução do valor do negócio (empresa) ou a geração de um mecanismo de proteção, para a eventualidade da ocorrência da desvalorização cambial. Neste segundo caso, é necessário estar atento para alguns aspectos fundamentais que assegurem a efetividade da proteção:

- Defina claramente o que significa desvalorização.

- Tome cuidado com a caracterização do evento que configura a desvalorização. Os governos são muito criativos quando se trata de estabelecer decretos que limitam o efeito da desvalorização e estes podem interferir no valor do negócio.

- Garanta que sua proteção não estará sujeita a decretos ou leis, criadas para evitar o pagamento de *hedges* ou cumprimento de contratos privados, uma vez que a desvalorização é um ato de terceiros (governo, mercado).

- Assegure que seu contrato de proteção ou *hedge* seja pago em local (país) que não seja atingido pelo evento que gerou a desvalorização.

- Evite o pagamento em produtos ou serviços. No caso de ser possível o pagamento em produtos, associe a cotação dos produtos ao mercado internacional.

- Defina o local de entrega e a responsabilidade pelos custos de logística associados, quando o pagamento for em produto.

- Estabeleça claramente o tempo entre a geração do evento e a data efetiva do pagamento.

- Assegure que o contrato de *hedge* seja governado por lei e fórum que garantam o seu cumprimento.

Hedge *Contábil*

Ao iniciar um processo de aquisição, é fundamental estabelecer um cenário pessimista (*worst case*) relacionado à questão cambial e ao impacto desta no valor do patrimônio líquido da empresa. Se for considerado previamente, é possível prever este efeito e provisionar uma perda decorrente da desvalorização, para que seja possível contabilizar essas perdas na apresentação dos resultados da empresa. Para tanto, é necessário definir antecipadamente o nível de desvalorização previsto e informar à área de contabilidade para que provisione esse efeito.

Negociação dos Termos Finais

> *Nos momentos finais de operações de grande porte, o negociador que durante meses jogou duro, trabalhou arduamente, defendeu sua parte com unhas e dentes – e algumas "caneladas" – acaba se rendendo à emoção. É o momento em que ele, finalmente, consegue tirar "a tampa" da panela de pressão e degustar o que foi cozinhado, a fogo lento – e muitas vezes alto – durante meses. Foi essa sensação que o gerente degustou naquela noite em que estava a caminho da última rodada de negociações, sentindo um misto de ansiedade e orgulho por estar prestes a concluir uma importante operação de aquisição para a sua empresa. Sensação que atingiu o clímax quando o comissário de bordo anunciou a descida no aeroporto da cidade onde o negócio seria fechado. Naquele momento, olhando, pela pequena janela do avião, a imensa cidade toda iluminada, ele pensava que, em breve, milhões de consumidores de energia que via dali de cima seriam clientes de sua empresa. Era a sensação reconfortante do dever cumprido, do empenho e da determinação em chegar a um final feliz. E, principalmente, da percepção de que só se chega a um bom resultado com uma equipe coesa e afinada nos preceitos – como diria o poeta – de muita transpiração e alguma inspiração.*

    A negociação dos termos finais evidencia a importância dos esforços para assegurar a organização da informação e a construção da estratégia para a aquisição. Tudo que foi levantado de informação ou foi dito nas mesas de negociação poderá ser de grande valor nesta etapa. É chegada a hora de consolidar as conquistas e evitar certas investidas da outra parte.

Partindo dos resultados do *due diligence*, o comprador vai trabalhar no sentido de buscar as garantias que lhe assegurem maior tranqüilidade na condução do negócio, após a aquisição. Dependendo dos resultados do *due diligence*, essa etapa poderá também significar a saída da operação. Para tanto, é necessário ter construído ao longo do processo suas rotas de fuga (condições precedentes estabelecidas no documento inicial).

No caso de o comprador solicitar revisão de valor, é comum o vendedor não aceitar os argumentos apresentados. Inicia-se, então, um processo conjunto de investigação para convergir para um novo valor e realizar, ou não, a operação. Paralelamente, começam as negociações relativas às representações, garantias e indenizações que o comprador necessita do vendedor para fechar o negócio e que deverão fazer parte do contrato final de compra. As reuniões que antecedem o fechamento de operações desta natureza costumam ser muito tensas e de longa duração. Ter fôlego e serenidade, portanto, pode representar o diferencial nessa etapa. Embora não se trate de uma modalidade de atletismo, estamos falando de uma "maratona" que pode durar até 40 horas, ininterruptas, de duras rodadas de negociação, em que cada parte tenta agregar mais valor ao negócio, tentando reaver valores deixados ao longo do processo ou tentando incorporar novos conceitos de última hora.

Invariavelmente, essas reuniões são concluídas pela exaustão de uma das partes ou por um evento externo que impõe a uma das partes a necessidade de concluir a operação, obrigando-a a ceder algumas posições para viabilizar o seu fechamento. Isso significa que sua estratégia de negociação terá que prever um "evento" que possa lhe favorecer, no final.

Construção do Contrato de Aquisição

O contrato de aquisição é o documento mais importante da transação. Nesse documento, deve estar tudo o que foi negociado e estabelecido entre as partes no que diz respeito aos seus direitos e obrigações, leis aplicáveis, além das formas de remediação e disputas (incluindo fórum onde ocorrerão as disputas). Trata-se, portanto, de um documento que requer o máximo de cautela na sua elaboração, uma vez que será peça fundamental em caso de possíveis disputas jurídicas concernentes à transação.

Estrutura do Contrato Final

Embora seja um documento denso, sua estrutura não varia muito de operação para operação, contendo basicamente os artigos ou capítulos apresentados na seqüência.

Definições

Neste capítulo, são estabelecidos os termos básicos utilizados em todo o documento, tornando claro o seu conteúdo. É comum, após o fechamento da transação, a existência de disputas judiciais ou arbitragens, decorrentes da falta de definição ou de definição mal elaborada.

O Negócio

Neste capítulo, descreve-se o que é a transação propriamente dita. Dependendo do tipo de transação, este capítulo deve abranger:

- O objeto da transação, descrevendo claramente as características das ações, dos ativos e/ou das obrigações legais (*liabilities*) que estão sendo assumidas.

- Quem são as partes envolvidas – vendedores e compradores –, devidamente identificadas e qualificadas para executar a transação.
- Qual é o preço a ser pago, a forma de pagamento, a forma de ajuste de preço (se for o caso) e a forma de conversão de parcelas futuras em *equity* (se for o caso).
- A existência de *put option* ou *earn out* e sua forma de executar.
- Situação de caixa e considerações sobre o capital de trabalho da empresa-alvo.
- No caso de fusão, que empresa está sendo fundida na outra e o que ocorrerá com as ações das duas empresas.
- Como os acionistas deverão proceder após a fusão para trocar ou realizar suas ações.

Representações e Garantias (*Representations and Warranties*)

São afirmações feitas pelas partes, nas quais descrevem uma determinada situação ou evento futuro que, depois de formalizados no contrato final, passam a ser aceitos pelas partes, partindo-se do princípio de que aquele que gerou a afirmação se responsabiliza por sua autenticidade. Se ficar comprovado que uma representação foi feita em bases falsas, a outra parte terá direito a indenização. Por outro lado, após aceita e formalizada, a representação exime a parte geradora de ônus ou obrigações relacionadas a esta.

Neste capítulo, cada parte procura incluir todas as representações que possam afetar a transação propriamente dita ou pessoas físicas e jurídicas envolvidas. É comum que o número de representações seja bem maior para o lado do vendedor, seja por situações ou condições relacionadas à pessoa jurídica, objeto da transação (empresa-alvo, suas subsidiárias e coligadas) ou intervenientes (outras pessoas jurídicas envolvidas na transação), seja em situações ou condições relacionadas à pessoa física, quando se trata da venda de ações ou ativos de sua propriedade.

A seguir, são apresentados alguns exemplos de *Representations and Warranties*:

- Habilitação das partes para praticar o negócio.
- Existência de todas as autorizações para realizar a transação.
- Adoção de práticas e princípios contábeis, geralmente aceitos, na elaboração dos balanços da empresa.
- Ausência de mudanças materiais no giro normal do negócio.

Como agir entre a assinatura do Contrato e o Fechamento (*Covenants*)

Neste capítulo, as partes devem estabelecer algumas regras de como proceder durante o período que vai da assinatura do contrato final até o fechamento da transação. O objetivo é o de evitar que qualquer das partes mude as condições que as levaram a assinar o contrato de aquisição ou que uma das partes crie uma situação de saída da operação, seja porque encontrou uma melhor oferta, seja porque encontrou algo melhor para comprar.

Alguns exemplos de como agir entre a assinatura do Contrato e o Fechamento (*Covenants*)

- A condução dos negócios deve ser desenvolvida em boa-fé e mantida dentro do giro normal do negócio.
- As partes têm a obrigação de implementar todas as ações necessárias e previstas para viabilizar o fechamento da transação.
- As partes se comprometem, em boa-fé, a não praticarem qualquer ato que possa comprometer o fechamento da transação.

Condições

As condições definidas neste capítulo determinam se uma das partes pode desistir de continuar no processo sem que haja qualquer tipo de risco jurídico decorrente de sua decisão de sair. Normalmente, as condições são redigidas, dando à parte favorecida a opção de exercê-la ou não. De maneira geral, os *Covenants* terminam se transformando em condições.

Alguns exemplos de condições

- As *Representations and Warranties* devem continuar válidas no momento do fechamento
- Caso a transação não seja aprovada pelos órgãos externos dentro do período acordado, o comprador tem a opção de seguir ou não com a transação.
- A empresa-alvo não pode apresentar um desvio material do seu giro normal até o fechamento.

Parte IV:
Guia Rápido para uma Aquisição

Fatores de Sucesso
Questões-chave
As Lições do Processo

A complexidade de um processo de aquisição implica uma série de fatores para seu sucesso. Sem a pretensão de querer esgotá-los – e com base no que foi apresentado ao longo deste trabalho –, são destacados aqueles aspectos-chave que devem ser considerados ao longo do processo de aquisição. Além disso, é apresentada uma lista de questões-chave, cujas respostas podem auxiliar na definição do escopo e na estruturação da operação. Com essas orientações ou dicas – que intitularia de "Guia Rápido para uma Aquisição" –, é possível identificar o que realmente é relevante para a implementação da operação, além de servir como ferramenta de controle do processo.

Fatores de Sucesso

- Assegurar o comprometimento e suporte da Alta Administração.
- Assegurar um processo de comunicação e posicionamento da Alta Administração quanto ao andamento do projeto e seus pontos críticos.
- Assegurar o adequado encaminhamento e acompanhamento dos processos de autorização de órgãos externos.
- Assegurar que o processo estará sempre avançando.
- Assegurar a manutenção da equipe básica ao longo de todo o projeto.
- Deixar claro, o quanto antes, o que é *deal break* ou proposta inaceitável para sua empresa.
- Ter clareza quanto aos limites aos quais se pode chegar no processo de negociação.
- Assegurar a possibilidade de saída do projeto (rota de fuga).
- Assegurar que a equipe tenha uma visão do todo e o necessário senso de urgência.

- Assegurar ambiência e suporte adequados para as equipes de trabalho.
- Assegurar uma infra-estrutura mínima para a realização do *due diligence*.
- Assegurar apoio logístico para a realização do *due diligence*.
- Assegurar o controle e a organização da documentação analisada e a geração de relatórios durante o *due diligence*.
- Assegurar a integração e a coerência das análises das várias equipes do *due diligence*.
- Assegurar que os canais de comunicação com a outra parte estão claramente definidos.
- Nunca subestimar a outra parte.
- Manter os advogados informados sobre a estratégia de negociação.
- Assegurar que toda documentação a ser encaminhada para a outra parte seja analisada pelos advogados.
- Desenvolver o processo de negociação dentro de um senso de justiça.
- Assegurar que as proteções serão definidas, considerando que é impossível enxergar todos os problemas.
- Não ceder à pressões internas e ao mesmo tempo não subestimá-las.

Questões-chave

- Em qual ambiente macroeconômico e regulatório a operação estará sendo realizada?
- Foram elaborados os cenários de robustez para definir o valor a ser pago?
- O modelo de avaliação está sendo construído de forma a considerar e refletir o ambiente macroeconômico, regulatório e os riscos associados?
- A empresa-alvo, considerando os cenários de robustez, será capaz de gerar os recursos necessários para arcar com seus compromissos financeiros?
- Quem são as partes (competidores, parceiros, órgãos reguladores, órgãos internos e pessoas) que podem influenciar positiva ou negativamente na implementação do **processo de aquisição**? Mantenha este mapa atualizado e se planeje para assegurar a implementação das ações necessárias para assegurar o avanço do processo.
- Quem são as partes que podem influenciar positiva ou negativamente na **vida da empresa após a aquisição**? A definição dos mapas de interesses destas partes lhe ajudará na definição dos cenários para avaliação e definição dos planos de negócios, mecanismos para mitigação de riscos e captura de sinergias.
- A transação acarretará pagamento de imposto de renda por parte das empresas e/ou seus acionistas. Quais e quanto?
- Quais são as conseqüências tributárias para as empresas envolvidas hoje e no futuro?
- A transação acarretará pagamento de impostos de transmissão e/ou taxas pela transferência de propriedades, no país ou exterior? Quais e quanto?

- É necessário solicitar consentimentos ou obrigação de notificações a terceiros? Qual a forma e quando devem ser requisitados e/ou encaminhados?
- A transação acarretará quebra de algum acordo ou contrato anteriormente celebrado pelas partes? Qual o efeito sobre a transação?
- A transação dispara algum direito de preferência ou outro direito em favor de terceiros, relativo à empresa compradora e/ou empresa-alvo?
- A transação provocará o disparo de algum mecanismo de aceleração de dívidas ou outra limitação ou compromisso financeiro?
- Quais os impactos (riscos) do estado financeiro da empresa adquirida, suas subsidiárias e coligadas, sobre a empresa que a está adquirindo (*default*, garantias, *cross default*, ações, conversões futuras de ações ...)? É preciso cautela redobrada se houver empresas de prestação de serviços públicos ou tarifas reguladas.
- Quais são os efeitos da transação sobre os registros para o US GAAP, BR GAAP?
- Quais são as exigências para efeito de registros na SEC?
- Quem são os acionistas (organização ou família) da empresa-alvo?
- Quem são os representantes legais dos acionistas da empresa-alvo?
- Há questões relacionadas a herança?
- Há menores de 18 anos envolvidos na transação?
- Qual o objeto da aquisição, controle, totalidade das ações, participação minoritária...?
- A transação estará sujeita a direitos de recesso ou a outras limitações por parte dos minoritários ou controladores, a depender do caso?

- É necessário fazer uma "Oferta Pública de Ações" (OPA) como decorrência da aquisição? Cuidado, em alguns países a OPA resulta num processo de concorrência, visando o melhor valor para os acionistas. Isto resulta em cuidados mais redobrados com as questões de exclusividade entre as partes.
- Como a transação será tratada contabilmente? Verifique a necessidade de provisionamento de forma antecipada, com o propósito de criar as proteções para os possíveis efeitos sobre o patrimônio em decorrência da consolidação dos balanços.
- Qual é o comportamento do capital de trabalho da empresa-alvo, quando comparado com os padrões da indústria e setor? Verifique se a empresa não está mantendo artificialmente uma posição de mercado por estar financiando em demasia os clientes.
- Há riscos de desvalorização cambial? Examine cuidadosamente os efeitos de uma possível desvalorização cambial ou limitação de crédito nas contas a pagar em moeda forte.

As Lições do Processo

> *"O importante não é o que fazem do homem, mas o que ele faz do que fizeram com ele."*
>
> Jean-Paul Sartre

Embora toda aquisição seja concebida com base na premissa de que a mesma irá agregar valor, os resultados demonstram que, em sua grande maioria, as aquisições têm conduzido à destruição de valor para o comprador.

As experiências vividas pelo autor sugerem que as principais causas para o insucesso das operações de aquisição não estão associadas às análises de aderência estratégica da oportunidade e sim ao processo de implementação da aquisição e sua consolidação no pós-aquisição.

Dentro deste espírito, este material foi desenvolvido e aqui são compartilhadas algumas lições que, se observadas, podem contribuir para ampliar a possibilidade de sucesso de processos futuros.

- *Arrumando a casa*

    Embora não seja uma tarefa fácil, todo esforço deve ser feito para preparar a empresa nas suas várias funções (pessoal, finanças, contabilidade, operações ...) para o trabalho coordenado com a empresa que está sendo adquirida mesmo antes do fechamento da operação.

    Iniciar esta tarefa somente quando a empresa-alvo tiver sido efetivamente adquirida pode resultar em grande perda de sinergia e confiança entre as relações que se iniciam com a aquisição.

- *Dançando conforme a música*

  Embora seja necessário trabalhar no sentido de agilizar os processos decisórios, é importante identificar e respeitar os limites e as características da empresa, precipitá-los implica o aumento das resistências e acirramento dos conflitos naturais da organização.

- *As pessoas como o diferencial*

  As palavras-chave são delegação, coordenação e cumplicidade. A multiplicidade e a complexidade das tarefas, associadas à limitação de tempo, colocam o papel das pessoas envolvidas na operação como elemento-chave para o sucesso da mesma. Portanto, dedique tempo na montagem das equipes e antes de tomar qualquer decisão relacionada ao projeto lembre-se do efeito que esta pode ter sobre as pessoas durante e após o fechamento da operação.

  É fundamental confiar nas pessoas assim como você espera que a Alta Administração confie em você como gerente do projeto. Além disso, tenha claro que o sucesso da operação não pode representar prejuízo à saúde das pessoas.

- *Foco, avanço e rota de fuga*

  Sob a ótica do processo, defina claramente os objetivos, deixando claro para todos o foco na implementação de cada ação. Assegure o avanço das ações para concretizar os objetivos. É fundamental acreditar que a operação vai prosseguir e com base nesta crença antecipar os próximos movimentos. Não esqueça de, a cada momento, rever a sua capacidade de abandonar o projeto e suas conseqüências.

- *Cada dia com a sua agonia*

  Operações de aquisição são complexas e, portanto, apresentam dificuldades de toda natureza. Para o bom andamento do projeto, não se deixe impressionar pelas agonias decorrentes das dificuldades que vão aparecer, considere-as como parte do processo, eleja a prioridade para tratá-las e assim o faça dia após dia, ou seja: cada dia com a sua agonia, não queira tratá-las em conjunto.

- *As interferências externas*

  Não subestime a interferência externa oriunda dos concorrentes, mercado, órgãos de classe, órgãos reguladores e o público em geral. Logo, esteja preparado com fatos e dados para defender ou simplesmente apresentar a lógica da operação para os órgãos externos.

- *Construindo o elo com a Alta Administração*

  O projeto de aquisição é um dentre vários outros que ocupam a agenda da Alta Administração, Logo, se você deseja atenção e agilidade, procure entender a linguagem, a forma de decidir e os tempos da Alta Administração e, com base nisto, construa os relatórios e as apresentações que subsidiaram as decisões relativas à operação.

- *Não se faz omelete sem quebrar ovos*

  Algumas regras com certeza precisarão ser quebradas para viabilizar a operação. Logo, é preciso saber transgredir sem agredir a cultura da organização ou atuar fora da ética de negócios. Logicamente que as transgressões cometidas deverão o quanto antes ser justificadas e homologadas nos fóruns competentes da organização.

- *A sensação de estar sozinho*

  Em maior ou menor grau, a organização não responderá às demandas do processo de aquisição, logo o gerente do projeto terá que saber conviver com a sensação de total falta de apoio em determinados momentos e mesmo assim continuar passando para as equipes de trabalho o entusiasmo e a confiança de que a operação segue seu curso normal.

- *Não vá além do que você acredita*

  Embora a organização delegue grande poder ao gerente do projeto para tocar a operação, o mesmo deve avaliar permanentemente até onde pode chegar, estabelecendo seus próprios limites.

- *O que faz acontecer*

  A paixão pelo que se está fazendo e a crença de que está efetivamente contribuindo para o sucesso da empresa são os melhores ingredientes para encarar o desafio da aquisição e suas dificuldades para implementação.

Embora a observância às dicas aqui apresentadas possa ser útil na condução de um processo de aquisição, não é, de longe, suficiente para assegurar que o mesmo aconteça no prazo previsto, dentro dos melhores padrões jurídicos e condições econômicas e financeiras mais favoráveis. Pela singularidade de cada processo de aquisição, seria um equívoco dizer que as lições aprendidas serão necessariamente úteis a outros processos.

Se há algo que pode ser afirmado é que o sucesso de processos desta natureza é fruto da liderança, determinação e coragem da Alta Administração, estabelecendo os referenciais dos processos e que o grande mérito de processos bem-sucedidos é decorrente do comprometimento e da dedicação das equipes na implementação das inúmeras tarefas que compõem processos desta natureza.

Entre em sintonia com o mundo

QualityPhone:

0800-263311

Ligação gratuita

Qualitymark Editora
Rua Teixeira Júnior, 441 – São Cristóvão
20921-400 – Rio de Janeiro – RJ
Tel.: (21) 3860-8422
Fax: (21) 3860-8424

www.qualitymark.com.br
e-mail: quality@qualitymark.com.br

Dados Técnicos:

• Formato:	16×23cm
• Mancha:	12×19cm
• Fontes Títulos:	NewsGoth BT
• Fontes Texto:	News 706 BT
• Corpo:	11
• Entrelinha:	13,2
• Total de Páginas:	128